中国文化
知识读本

ZHONGGUO WENHUA ZHISHI DUBEN

金开诚◎主编

奚楚◎编著

吉林出版集团有限责任公司
吉林文史出版社

中国古俑

图书在版编目（CIP）数据

中国古俑 / 奚楚编著. —— 长春：
吉林出版集团有限责任公司 ：吉林文史出版社，2009.12
（2018.1重印）（中国文化知识读本）
ISBN 978—7—5463—1712—0

Ⅰ. ①中… Ⅱ. ①奚… Ⅲ. ①俑－简介－中国－古代
Ⅳ. ①K878.9

中国版本图书馆CIP数据核字(2009)第236910号

中国古俑

ZHONGGUOGUYONG

主编/金开诚　编著/奚楚

项目负责/崔博华　责任编辑/曹恒　于涉

责任校对/王凤翎　装帧设计/曹恒

出版发行/吉林文史出版社　吉林出版集团有限责任公司

地址/长春市人民大街4646号　邮编/130021

电话/0431—86037503　传真/0431—86037589

印刷/北京龙跃印务有限公司

版次/2010年5月第1版　2018年1月第2次印刷

开本/650mm×960mm　1/16

印张/9　字数/30千

书号/ISBN 978—7—5463—1712—0

定价/34.80元

关于《中国文化知识读本》

　　文化是一种社会现象，是人类物质文明和精神文明有机融合的产物；同时又是一种历史现象，是社会的历史沉积。当今世界，随着经济全球化进程的加快，人们也越来越重视本民族的文化。我们只有加强对本民族文化的继承和创新，才能更好地弘扬民族精神，增强民族凝聚力。历史经验告诉我们，任何一个民族要想屹立于世界民族之林，必须具有自尊、自信、自强的民族意识。文化是维系一个民族生存和发展的强大动力。一个民族的存在依赖文化，文化的解体就是一个民族的消亡。

　　随着我国综合国力的日益强大，广大民众对重塑民族自尊心和自豪感的愿望日益迫切。作为民族大家庭中的一员，将源远流长、博大精深的中国文化继承并传播给广大群众，特别是青年一代，是我们出版人义不容辞的责任。

　　《中国文化知识读本》是由吉林出版集团有限责任公司和吉林文史出版社组织国内知名专家学者编写的一套旨在传播中华五千年优秀传统文化，提高全民文化修养的大型知识读本。该书在深入挖掘和整理中华优秀传统文化成果的同时，结合社会发展，注入了时代精神。书中优美生动的文字、简明通俗的语言、图文并茂的形式，把中国文化中的物态文化、制度文化、行为文化、精神文化等知识要点全面展示给读者。点点滴滴的文化知识仿佛颗颗繁星，组成了灿烂辉煌的中国文化的天穹。

　　希望本书能为弘扬中华五千年优秀传统文化、增强各民族团结、构建社会主义和谐社会尽一份绵薄之力，也坚信我们的中华民族一定能够早日实现伟大复兴！

【目录】

一　古俑的定义

古俑是中国古代明器的重要组成部分。最早它是中国古代坟墓中陪葬用的偶人，是象征殉葬奴隶的模拟品。在中国古代奴隶制社会极盛时期，人死以后要杀活人殉葬。古代实行人殉，奴隶是奴隶主生前的附属品，奴隶主死后奴隶要为奴隶主陪葬，成为殉葬品。这是奴隶制社会的一个特征。社会向前发展，逐渐革除以活人殉葬的恶俗，后来进入封建社会，以俑代之，开始采用以草扎泥塑等方法制作模拟真人形貌的偶人代替殉葬的真人，这种特制的偶人就被称为"俑"。可视

秦始皇陵兵马俑

古俑是中国明器的重要组成部分

为人类社会进步的一个象征。最早以草扎制，继而用竹木修削或泥土模塑，泥塑再经火焙烧则成陶质，也有以金属或玉石为材质制作，但都尽量制作得如真人一样形貌，还要涂敷彩色甚至穿着丝帛的衣服。其所以要尽量模拟真人，是因为它原本就是为了替代真人而创制的。《孟子·梁惠王》："仲尼曰：'始作俑者，其无后乎。'为其像人而用之也。"赵岐注："俑，偶人也，用之送死。"郑玄释为"与生人相对偶，有似于人"。

俑大约出现于东周时期，其中在东周至宋代的 1500 年中最为盛行。在山东、山西等地的东周墓发掘中，都曾发现有在一座墓内既有殉人又随葬有俑的实例，说明那时俑刚开始出现，还没有完全取代殉人。山东东周墓出土的多是小型的泥俑，粗具人体轮廓，涂施彩色，多为穿长裙的女舞乐俑。山西长治东周墓出土的也多是小型的陶俑，体高仅 4—5 厘米，亦多乐舞俑，还有的肩背孩童，但人物也仅具大形体而已。南方的楚墓中，俑多用木制，上以彩绘面目衣饰，更有的木俑仅削修出躯体而披穿上以丝织品裁制的衣裙，显得异常华美。后来其外延有所

居庸关城墙上伫立的古俑

秦始皇陵兵马俑是已知的体型最大的俑

扩大，有生命的家禽牲畜以及想像中的神灵的模拟品亦被纳入其中。根据考古发现，俑在东周墓中出现渐多，秦汉至隋唐盛行，宋代以后纸明器开始流行，陶、木、石质的俑开始渐渐减少。以后逐渐衰落，但仍沿用到元明时期。从材料上说，古代各类俑中木陶俑最常见，陶俑数量最多，另外也偶有木、石、瓷、铜、银、玉石等材料做的俑。从形象上来说，俑主要有奴仆、舞乐、士兵、仪仗等，并常附有鞍马、牛车、庖厨用具和家畜等模型，还有镇墓的神物。古俑以楚国为代表，多木制，较简单。秦代的秦始皇陵兵马俑，形体比人略高,陶制,是已知最大的俑;另外还有铜俑等。汉俑种类比以前增多,有兵士、女侍、仆役及乐舞俑。南方以木俑为多,有的彩绘着衣。其他地方多陶、石、木、金属等多种材质的俑,注重传神。两晋南北朝制作多样,南方承中原传统并有了瓷俑;北方出现了少数民族形象的陶俑。隋唐俑型大而精美,盛唐时期三彩俑成为主要形式。保存在陕西省历史博物馆的唐三彩杰作就是实证,有陕西省乾县懿德太子李重润墓出土的三彩纹胎骑马狩猎俑和西安市中堡村唐墓出土的唐三彩骆驼戴乐舞俑。这些俑的特点,普

古乐俑

镇墓武士俑

遍是形象高大雄健，神态生动传神，可谓形神俱佳的作品。并反映了盛唐时期，中华民族富有创造性思维和具有豪迈自信的民族性格。五代以后，以俑殉葬的风气开始低落，金元墓葬中出现了陶塑、砖雕的表演杂剧的俑，还有舞台背景，较为生动，是唐代以来制作俑的最后一个高潮。明清墓葬中的俑出现渐少。在高官王侯墓中出土有木俑和石俑，多以成群人物或辅以仪仗、侍从多而庞大的场面，以炫耀死者地位为目的，但失去了雕塑语言艺术的感染力。

总而言之，俑就是古代用来陪葬的塑像，主要是陶瓷、泥土或木质做成人或

表情严肃的兵马俑

者动物的形像。它的作用就是要使得死者在冥间还能一如既往地生活。按照中国人的传统观念,不少人对俑有所抵触。直到近代才开始有大量的藏家欣赏它、收藏它。古俑真实负载了古代社会的各种信息,对研究古代的舆服制度、军阵排布、生活方式乃至中西文化交流皆有重要的意义;而且弥补了同时期地面雕塑在种类及完整性上的重大缺憾,为我们勾勒出古代雕塑艺术发展的脉络以及历代审美习尚变迁的轨迹,成为了解中国古代雕塑艺术史不可或缺的珍贵实物资料。

二　俑的发展

中国的俑发轫于商，至东周时代渐趋流行。在山西长子县春秋晚期晋国墓中发现的4件木俑仍与人殉同存，这正是人殉没落的实证、以俑代替活人随葬之风初兴时的特征。至战国，湖南、湖北、河南楚墓中流行木俑，多为侍卫俑和女侍俑。北方诸国多为乐舞俑，而且多用陶塑。

20世纪70年代陕西临潼秦始皇陵东侧发现大规模兵马俑群，陶俑总数可达7000之巨。这是模拟千古一帝的送葬军阵。其数量庞大、形体壮硕、气势慑人，是中国古代陶塑艺术的空前之举。最近，

壮观的秦始皇陵兵马俑

在紧靠秦始皇陵东南侧的甲胄坑旁，又发现了跣足袒身舞蹈状的巨型秦俑。所有这些都使我们不得不重新审视中国古代雕塑的历史。秦始皇为了显示他千古一帝的气概，在修筑陵墓时开始制作数量众多而且形体和真人同大的陶俑，除了陵东侧的大量兵马俑坑外，在陵园里的从葬坑中还葬有马等动物尸骨，同时有坐姿的伺养俑，也都如真人大小。还有裸露躯体仅穿短裤的表演杂技的陶俑。原来这些高大的秦俑外表均敷涂彩色，但因埋于地下过久，色彩多已剥落，无复当年光彩。

秦始皇陵士兵俑

汉代是中国历史上雕塑艺术大发展的时期，俑的种类、数量、材质、水平等都达到了一个新的高度。关中西汉帝陵陶俑数量很大，一般高 50—60 厘米。或上承秦俑，模制敷彩；或沿袭楚风，裸塑着衣。侯王墓中，除武装士兵俑外，家内奴婢和伎乐俑也占有很大比例，型体略小于帝陵之制。低级官吏和地方墓中也有放置俑的，俑的构成主要是家内奴婢。西汉南方常见木俑，楚制依旧。而山东地区陶俑也继承了战国齐地古拙的传统。东汉伴随着庄园豪强的发展，与场景模型配置的小型陶俑多了起来，而且造型更为生动传神。其中河南的乐舞百戏、武装部曲俑；四川的劳作、说唱俑；广东的陶船及船夫俑；甘肃武威的铜车马仪仗俑代表着这一时期的最高水平。

西汉诸皇帝的陵墓仍承袭秦朝制度，也有埋藏陶俑的俑坑，只是汉初汲取了秦代亡国的教训，丧制略为节俭，所以陶俑不再制作得与真人同大，一般体高为人体的三分之一左右，除塑出身上衣饰外，更多的是制成裸体，然后披着丝织品制作的衣服。还有木片制的铠甲，在汉景帝阳陵从葬坑发掘中获得了许多这样的着衣或裸体陶俑，还有许多造型逼真

人物群俑

神态自然的人物俑

的陶牲畜模型，有羊、犬、猪、鸡等等。不仅皇帝，诸侯王的陵墓也常常随葬有规模巨大的俑坑，例如在江苏徐州的楚王墓也有数量众多的彩绘陶兵马俑出土。东汉时期，各地的豪强势力日大，墓中也放置各种陶楼和陶俑，特别是四川的东汉墓出土陶俑最具特色，有许多姿态生动的仆从、农夫和伎乐俑，以一种裸上体、赤足只穿短裤的击鼓侏儒俑造型最为逼真传神。

三国两晋南北朝由于社会的动荡与破坏，俑的制作也陷入低谷。其中西晋之时，俑的组合形成一定模式，约可分为镇墓俑、出行仪仗俑、侍仆舞乐俑、庖厨俑四类。南朝的俑，承袭了西晋的传统，而北方由于少数民族的入主，出现了极具时代特征的甲骑具装俑。

南北朝时期，战乱频繁，墓内随葬的陶俑也呈现出浓郁的军事色彩，出土了大量身披铠甲骑马的重甲骑兵，显示出时代风采。

隋唐时期伴随着社会的安定与繁荣，俑的艺术又迎来了一个新的高峰。文官俑、武士俑、仕女俑、牵驼俑、牵马俑、骑俑、戏弄俑、胡俑成为这一时代的常见种类。尤以色彩斑斓、奇伟多姿的三彩俑凝铸雄浑富丽的盛唐之音，堪称中国古俑的压卷之作。

文官俑

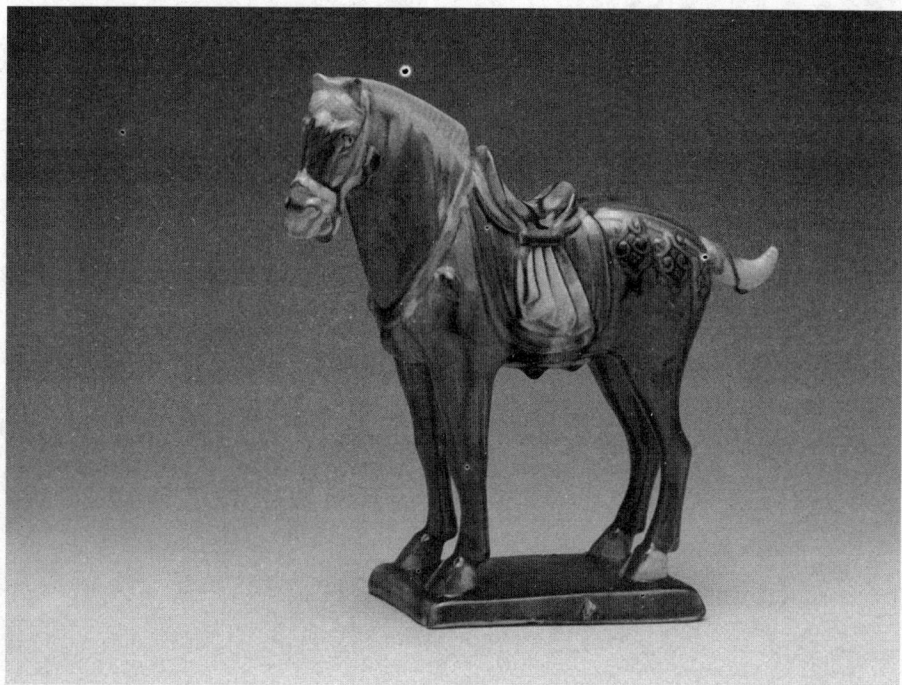

唐三彩马

到了唐代，随葬陶俑艺术达到高峰，特别是一种施有低温色釉的三彩俑，造型生动，色釉华美，极受人喜爱。其中的盛妆仕女，面相丰腴，显示出盛唐时杨贵妃代表的时代风尚，极生动传神。而唐人塑造的各种姿态的骏马，配饰各种华美的马饰，鞍辔鲜明，马姿劲健，更显时代风貌，至今仍是极具欣赏价值的工艺精品。

到了宋朝(960—1279 年)，随着丧葬习俗的变化，特别是焚烧纸明器习俗的兴起，随葬俑群日趋衰落。但在各地发掘的宋墓中，仍不断有随葬俑发现。河南盐店宋墓出土的雕刻精美的各式石俑、江西鄱阳和景德镇南宋墓出土的表演戏剧用的瓷俑等，都是极有价值的文物。在北方的辽墓和金墓中，也可见到陶俑的身影。北京昌平陈庄辽墓出土的男女陶俑，如实塑出契丹族髡发的发式，生动地反映了契丹的民族习俗。山西侯马金大安二年(1210年)墓中出土的涂彩杂剧砖俑，是研究中国戏剧史的极其珍贵的实物史料。

元代(1271—1368年)，蒙古族王公的坟墓中是否有俑随葬，目前缺乏科学的考古发掘资料。但在陕西、甘肃一带的

包头市博物馆馆藏少数民族古俑

元墓中，出土有数量众多的随葬陶俑，俑的服饰和发式刻画精细，为研究蒙元服饰提供了重要依据。

明朝（1368—1644 年），数量庞大的随葬俑群再度成为王公和高官身份、地位的象征。在江西、山东、四川等地发掘的明代诸王陵墓中，都出土有制工精细的随葬俑群，有木俑、陶俑，还有釉彩绚丽的釉陶俑。成都永乐八年（1410 年）蜀王世子朱悦爌墓中，出土了数量超过 500 件的釉陶俑，排列整齐，形成以象辂（以象驾驭的华车）为中心的仪仗行列，如实反映了明初亲王的仪仗制度。明代

陵墓石俑

皇帝陵墓中放置的随葬俑群数量更是多得惊人。在北京明十三陵中唯一经考古发掘的万历帝朱翊钧（1573—1619年在位）的定陵，后殿棺床南北两端放置的大器物箱中，有7箱满装随葬木俑。可惜箱子和木俑腐朽过甚，有6箱仅能从表面或部分保存稍好处窥其形体，只有1箱保存尚好，内置木俑约1000件以上，能够完整取出的尚有248件，都是以杨木、云杉、落叶松等木质圆雕而成，上施彩色，面部敷粉，墨绘眉目，朱涂口唇，多属立姿的仪仗俑。如果7箱木俑均保存完好，其数量恐近万件之众。

清朝（1644—1911年）的帝陵未经科

明皇陵石像生

学发掘，不知是否沿袭明陵用俑制度。但广东大埔湖寮圩曾清理过清初传奇将领吴六奇的坟墓，墓内随葬有一组陶质仪仗侍仆俑群，以及各类家具什物陶模型，总数超过 100 件。这是目前所知在考古发掘中获得的年代最迟的随葬俑群，或可视为绵延数千年的古俑艺术的落日余晖之作。

三 各时期俑的特点

青铜编钟和乐俑

（一）夏商周的俑

商时期普遍流行活人殉葬，夏商周的青铜礼器多为壶、盘、乐器编钟、兵器、车马器等。样式多以青铜鱼、龙纹镂空铜环、金剑鞘、漆器建鼓等。在造型上朴实大方，原始单纯。到了西周活人殉葬这一现象逐步减少，春秋战国后几乎绝迹，开始用木俑或陶俑替代活人。

（二）春秋战国的俑

当时的雕刻作品主要是随葬的泥木俑、玉石雕刻品，制成动物形、人形的青铜器和漆器及其他工艺美术品。从类型的复杂性和材质手法的丰富性来说，是希腊雕刻所不及的。已发现的春秋战国时期的雕刻品有漆器、青铜、玉石、泥、木等材质制作的，形象有动物、人物、神怪、禽鸟、龙凤等，手法有圆雕、浮雕、彩绘、镶嵌等。对人物的刻画，不仅能区分出尊卑贵贱等级差别和男女老少性别年龄特征，个别的还能刻画出性格特征。尤其战国时期的青铜陪葬品更是美妙绝伦，堪称世界最早的铸造工艺。中国传统雕刻具有装饰性、绘画性、象征性等特性。此时东方艺术精神和风格已具雏形。

（三）秦俑

1974 年 3 月，陕西临潼县农民挖井

秦始皇陵兵马俑

时偶然发现了一堆破碎的陶俑残片,由考古工作者进行勘探和发掘,发现了一座大型的兵马俑坑。这个巨大的发现,被誉为"世界第八大奇迹""20世纪考古史上的伟大发现之一"。

秦俑给人们的第一个强烈的印象是大、多而真。俑坑出土的各类武士俑,其身材的高矮、胖瘦,以及面形、须发的样式等,都刻画得十分严格、认真。秦国的军队主要来源于关中地区的秦人,同时也包括有其他地区的人。在俑出现以前,奴隶主死后大都用活人殉葬。到了春秋

战国之际,随着社会形态的变革,葬俗也发生了变化,开始以俑代替人殉。此后俑殉之风日盛,以致发展到几乎把死者生前的一切享用之物,都做成模型埋入地下。秦俑的写实风格与当时的时代风格是具有一致性的。秦俑比较突出的成就,是它塑造了不同身份、不同年龄、不同个性的多种人物典型。原来秦俑是全部彩绘的,由于俑坑经过火烧和地下两千多年水土的浸渍,表面色彩都已脱落,仅存残迹,只有个别的仍然保有其色彩。

秦俑与其他地区陶塑的比较:过去

秦始皇陵兵马俑原为彩绘，如今色彩已经脱落，仅存残迹

所知世界上最大的陶塑，首推伊屈斯根文化的建筑浮雕与陶樟。这些作品完成于公元前 6 世纪，相当于我国春秋时期。秦的写实作风可与希腊古典主义（公元前 5 世纪）写实作风相提并论。古代中国和其他地区雕塑多半以意象化和装饰化手法来表现，形成各自独特的风格样式。古代唯秦俑及希腊古典雕刻与其他雕塑迥异，主要在强调视觉上的印象，尽量减少装饰性与思想性部分。强调人本身的写实性。在东北亚地区，韩国最早的新罗陶塑（5 世纪）及日本的埴轮陶塑（6 世

纪），不管在年代上或体积上，都无法与秦俑相比。南美的陶塑皆晚于 3 世纪，造型上仍属一般性风格典型化的雕塑。因此秦俑在世界雕塑史上，由于其写实作风及庞大的数量占有极特殊的地位。在中国雕塑传统上可说是一种突破，也是世界雕塑史重要的一笔。

（四）汉俑

秦王朝覆亡后，经过几年惨烈的争霸战争，最后刘邦获胜，建立了又一个大一统的王朝——汉朝（公元前 206—220 年）。汉初经济凋敝，连皇帝都无法找到四匹毛色相同的马来为自己驾车，官员

汉代乐俑

们只能乘坐缓慢的牛车出行，一般百姓的贫困更可想而知。所以汉代的造型艺术品，已无法保持秦时的气概和风貌。汉代皇帝陵园中随葬的陶俑群，总体数量虽没有减少，但形体尺寸却大为缩小，再也看不到如秦俑那般高大如真人的俑像了。

汉俑形体虽小，但其造型艺术比秦俑有了很大的提高。阳陵男俑的许多头部造型已相当细腻，脸庞的轮廓、五官的布置乃至不同个体的面部表情，都被准确而传神地表现出来。俑的形体方面，霸陵窦皇后丛葬坑出土的女侍俑制作精致，姿态或立或坐，躯体线条流畅优美，颇显人物仪态之端庄，不再有秦俑造型呆板之感。

汉俑的小巧和精致还表现在俑所持的各类器具上。阳陵汉俑手持的矛、戟、剑、弩机、箭镞等兵器以及凿、锯、锛等生产生活用具，都是用铁或青铜制作，尺寸大致是原实物的三分之一，与俑的体高比例吻合，且做工极为精致。如一陶俑所携铜钱，直径不及1厘米，但圆轮方孔，面文突起，"半两"二字清晰可辨。

两汉时期的陶俑，依目前的考古发掘，分成三个时期。第一期为西汉早期，

汉代男俑头部造型雕刻相当细腻

即汉朝建立至汉景帝末年。这一时期的陶俑包括阳陵陶俑、杨家湾陶俑、安陵与霸陵陪葬墓陶俑、徐州北洞山与狮子山陶俑等。汉景帝阳陵经考古工作者的数次发掘，现已在陵区南部 96000 平方米内测得 24 个从葬坑，这些从葬坑包括礼器坑、兵器坑、兵马俑坑等，目前已经发掘出陶俑 2000 余件，其总数有可能达上万件。阳陵陶俑皆为红陶烧制，陶质坚硬，一般高度 60 厘米，相当于真人的三分之一。陶俑无臂，原本装木臂，头缠红色"帕额"，覆以兜鍪，穿长袍，披铠甲。女

持伞铜女俑

汉代陶俑小巧而精致

佣头梳盘髻,乘马,披朱红铠甲。阳陵陶俑最突出的特征是人物表情丰富,形体简洁概括,比例适合。"面形有如满月者,丰腴而不显臃肿;颧骨突兀的方脸型,棱角分明,略显刚毅。还有的清瘦而俊逸,有的年少气盛,有的稚气十足;或恬淡闲适,或笑容可掬,处处都显示出年龄与性格的差别来。不论眉棱突起、咬肌微鼓、黑点双眸、一抹胡髭,都赋予活脱脱的神采,真可说是形神兼备"。汉景帝刘启于公元前157年即位,死于公元前141年,依照汉代皇帝即位即营建陵墓之制度,陶俑应制作于公元前157—公元前141年。

汉惠帝安陵陪葬墓中已出土彩绘陶俑84件，皆为武士俑。俑高44—46厘米，头戴紫色束发帻，两边有风带附系颏下，额前发际用黑、红两色抹带，发髻结于脑后。上身穿淡绿色或红色短襦，右衽，外穿甲衣，腰束红色带子，腿上有淡绿色或紫色的行膝，上下有系带紧结，足着芒鞋。体形修长，双目凝视前方。一起出土的还有陶牛46件，陶羊125件，陶猪23件。其排列次序是外侧一列为武士俑，其余5列为猪、羊、牛，羊居中。这些

杂技古俑

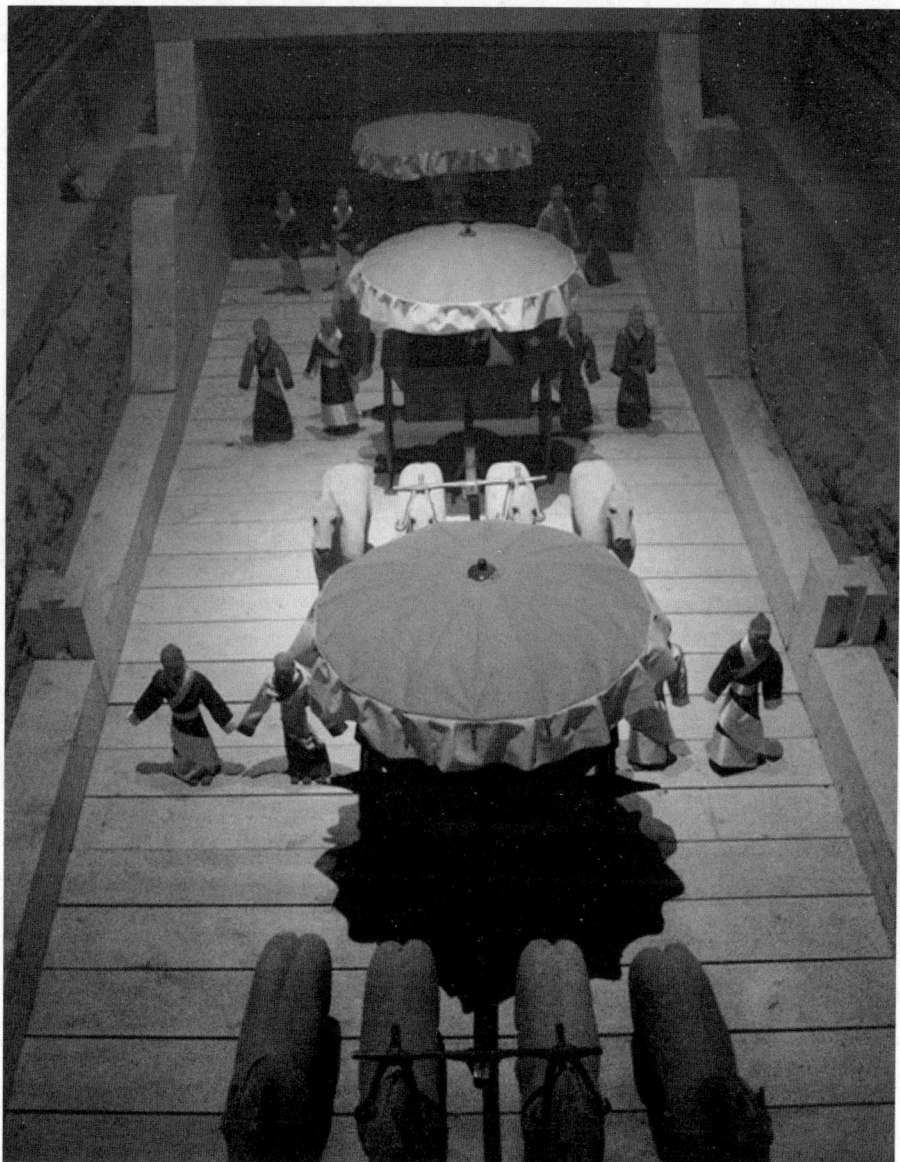

汉代车马及侍俑

人俑、动物俑只是其中未被破坏的一小
部分,被破坏部分曾出土陶武士俑、乐舞
俑、陶马等,此陪葬墓究竟有多少陶俑,
要待全部发掘后才能得知。安陵是汉惠

女侍俑

帝刘盈的陵墓，其于公元前195—公元前188年在位，安陵修建于这7年间，其陪葬墓地也应是此时及稍后一段时间建成的，至迟不会超过文帝时期。

在西安东郊白鹿原东北任家坡，发掘出土了汉文帝霸陵及窦太后随葬墓坑37个，出土陶俑42件。这批彩绘女侍俑，皆为模制，足底留孔，便于烧制。其火候较高，质地坚实，青色，表面敷白色"胎衣"，后用黑褐、深绛、土黄、大红诸颜色绘饰。内衣多红色。立俑高53—57厘米，

两手半握，拳眼上下相对，置于胸前，似持物侍立。坐俑高33—35厘米，端庄娴雅，其制作相当精美，为宫中侍女形象，是窦太后墓随葬俑。

徐州北洞山汉墓采用开凿山洞方法，整个墓室全部穿凿于山中，422件陶俑，均出自墓道两侧的小龛内，分男、女侍俑、乐俑、仪仗俑等。

徐州狮子山彩绘兵马俑，已经出土2300余件，除4件陶马外，其余皆为人俑，这些陶俑包括官吏俑、戴平顶盔立俑、发辫俑、发髻俑、战袍俑、跪坐俑、甲胄俑。高者47—48厘米，矮者42—43厘米。狮子山彩绘兵马俑坑，是徐州地区地位相当高的贵族或王室成员墓的陪葬军俑坑，其性质与秦始皇兵马俑、汉杨家湾兵马俑性质相同，其风格与北洞山陶俑相类似，也应是西汉早期的作品。

西汉早期陶俑的特点之一，是规模大、数量多、出土地点集中。西汉早期的陶俑，目前所知主要出土于陕西咸阳、西安一代汉代帝王陵区与江苏徐州地区，这些随葬陶俑，大多发现于随葬坑内，包括帝后陵墓和王公大臣陪葬墓两类。规模之大、数量之多，在两汉陶俑中独居首位。如阳陵陪葬坑俑，现已发掘2000余件，总数有可能超万件。杨家湾汉墓仅为大臣陪葬俑，即出土2584件，安陵陪葬坑的84件陶俑，仅是发掘的一部分。造成这一特点的原因是咸阳、西安一代为秦国故地，是秦、西汉的都城所在。据《史记》记载："关中自汧雍以东至河、华，膏壤沃野千里……故其民犹有先王之遗风，好稼穑，殖五谷……因以汉都，长安诸陵，四方辐凑并至而会，地小人众，故其民亦玩巧而事末也。"据《汉书》记载："是故五方杂厝，风俗不纯，其世家则好

汉代动物陶俑

礼文,富人则商贾为利……又郡国辐凑,浮食者多,民去本就末,列侯贵人车服僭上,众庶效仿,羞不相及,嫁娶犹崇侈靡,送死过度。"显赫的地位与富有的家资,为其厚藏提供了良好的条件。

　　西汉早期陶俑的特点之二,是陶俑多以军队的面貌出现,为其仪仗之象征。西汉早期的陶俑,以军队形象出现,显然是受到了秦俑的影响。汉随秦制,在许多方面都继承了秦朝的传统,在陵墓制度

汉代陶俑人物表情自然轻松

上，自然也要效法之。但仔细比较，二者又不尽相同。秦始皇兵压六国，削减诸侯，各国反抗势力犹存，他时时刻刻要防止东方六国的叛乱，不仅在生前，就是在死后，也需用秦国虎狼之师弹压之。汉文化同秦文化相比，更多的是自信、自强，它不需要像秦始皇那样的担心与忧虑，其兵马俑的出现，沿袭了传统，但内涵又不相同。它更多具有仪仗性质，是皇帝皇后、王公贵族地位、权势的象征，更多的具备享乐的成分。如安陵、霸陵随葬墓中大量女侍俑、乐舞俑、动物俑的出现，都能说明这一问题，从俑的表情来看，这里没有临战前紧张的状态，而是轻松愉快，好似陪同墓主人出行游玩。

西汉早期陶俑特点之三，是塑造技艺高超，风格多彩多姿。汉初陶俑的塑造，在继承秦俑传统的同时，又吸收了战国以来楚地木俑的制作方法。前者如杨家湾兵马俑，身体与头部先用模合制，然后对身体衣饰、面部进行细部加工。2548件陶俑，除极少数侍俑、乐舞俑外，基本

汉代陶俑制作技艺高超

各时期俑的特点

古俑表情生动，造型独特

分成骑马俑和步兵俑两种，姿势保持统一。姿势、形体的一致，是为了突出军队整齐、威严之气氛，每个俑的面貌不同，又摆脱了呆板之感，统一中有变化，变化又始终寓于统一中。

考古发掘中出土汉俑的突出特点是多呈裸身形象。最引人注意的是近年发现的阳陵陪葬陶俑，所有的几千件出土男俑都是裸体，生理特征十分明显。除男

线条简捷而不失生动的古俑

古乐俑栩栩如生

快乐的说唱俑

俑外，近年亦有汉裸身女俑出土。

事实上，现在我们看到的汉代裸俑，当初入葬时都穿着各式衣裳裙甲，只是由于年代久远，那些丝棉织物均已腐朽不存。另外，这些裸俑出土时缺少双臂，只在双肩部留有孔洞，说明当年应是安装了木质臂膀的，只不过出土时已朽烂无踪。汉陶俑写实地表现出生理特征，本意还是要模拟真人，让他们到冥间为死去的帝王服务。

汉初陶俑，多出土于帝后与王公大臣陵墓的随葬坑中，它是由汉代最杰出工匠塑造而成，代表了汉代陶俑制作的最高水平，具体表现在对神韵的追求。对神韵的追求，是中国古代艺术家的最高境界，但不同时期、不同的艺术家对神韵的理解与追求，又不尽相同。此一时期的陶俑，是在写实的基础上刻画精神，以形似求神似。在这方面，阳陵武士俑与霸陵侍女俑最典型。阳陵陶俑，由于身体部分皆披铠甲或者衣服，不易表现出人物性格，所以工匠们将主要精力用于人物面部塑造上。他们依照生活经验，通过对面部肌肉的不同处理，使人物的年龄、表情、性格各不相同，这些人或清瘦或微胖，棱角分明，威武刚毅，堪称汉代人物雕塑的博物馆。霸陵从葬坑出土的陶俑，皆为彩绘女侍俑，衣服分别用黑褐、深绛、土黄、大红、粉白绘饰，面庞清秀俊雅，体态端庄大方，表情温顺娴和，加以艳丽的衣饰，形象地刻画出了王公贵族家庭侍女风貌。

西汉早期陶俑的特点之四，是陶俑随葬有一定的制度。从目前文献记载，有关随葬物品多少的严格规定始于唐代。唐以前，包括两汉时期，都曾提倡过节俭，如汉文帝与窦太后，都曾主张"薄葬""不起坟"，但并没有正式文字记载。从考古发掘中，我们可以得出一些规律性的

破损的陶俑

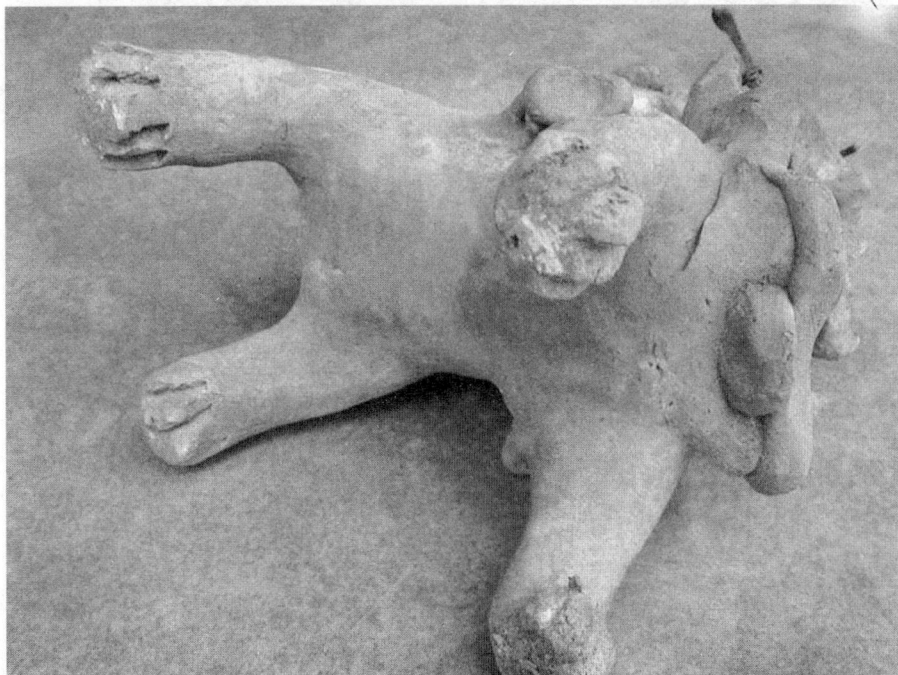

北朝骑俑和士兵俑

东西。一是陶俑大多为人体高度的三分之一左右，如阳陵陶俑高 60 厘米，杨家湾骑马俑大者高 68 厘米，小者高 44.5 厘米，霸陵立俑高 53—57 厘米，安陵陶俑高 44—46 厘米。显然，这不是偶然的巧合，而是依照某种规定制作的。其埋藏方式，大多在墓室周围，以随葬坑的方式出现，阳陵、杨家湾、安陵、霸陵陶俑都采用这种方法，而在一些墓内，却不见大规模的陶俑出现。这些随葬坑的分布，有两种类型：一是在墓室周围修建俑坑，二是在墓室外围，挖一环形俑坑带。这与西汉中期以后陶俑多出土于墓室之内有明显区别，它很有可能是一种等级、身份的标志。

（五）三国魏晋南北朝的俑

十六国迄北魏迁洛以前的墓葬发现较少，中原地区现知的地点只有陕西西安和河南安阳。西安嘉里村方形单室洞室墓出有男女侍俑和陶牛车，与洛阳西晋墓接近。但西安草场坡发现的具有前后室的洞室墓，随葬主要器物是 80 余件陶牛、甲马的武装仪仗俑和 20 多件男女侍俑和女乐俑。大批陶俑随葬是这阶段较大墓葬的特点。安阳则是另一种类型，多为长方形土圹墓，随葬器物虽少，但多殉有马、犬等牲畜，有的墓还随葬全套的镏金铜马具。西安草场坡墓挖掘的陪葬物品可看出当时有专供随葬用的模型明器，如堆塑谷仓罐、羊形尊、虎子、灶、碓、鸡笼之类。胎质坚硬细腻，呈淡灰白色，釉色灰青，表面不大均匀。装饰纹样有弦纹，模印的斜方格回纹、斜方格井字纹，雕刻，镂空，堆贴等技艺。西晋青瓷的成就最为突出。工艺技术、器形种类以及装饰变化，都比东吴时期有明显的发展。常见的器形除东吴时原有的以外，又出现

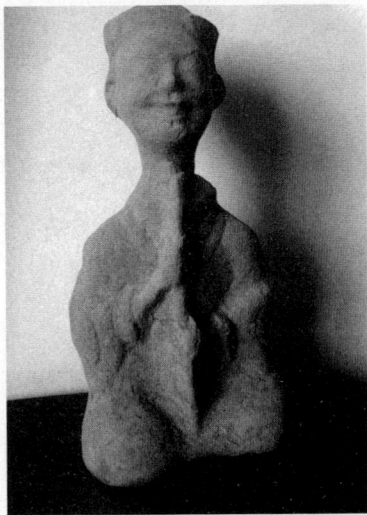

面露微笑的乐俑

线条粗犷的古俑造型

了不少新的造型，有筒形罐、鸡头或虎头的双耳罐、扁壶、圈足唾壶、兽形尊、三足盘、多子盒、镂空香熏、熊头或兔头水注；明器中新出现犀牛形镇墓兽、男女俑、尖头形灶、猪舍、狗舍等。这些新器形，有的造型直接采用动物形象，有的用动物形象作装饰。在一般器皿上，流行模印的饰带，如细小斜方格纹，井字菱形纹，联珠纹。在盆、钵、洗上流行用竹刀刻划海星纹和水波纹。谷仓的装饰更为突出，在谷仓罐肩部以上，堆塑了各种形象的奴仆、卫士、阙楼馆阁、长廊列舍、龟趺碑等复杂的内容。西晋晚期出现了在青釉上点染酱褐色斑纹的做法，打破了青瓷单色釉的传统风格，丰富了釉的装饰效果。西晋时期有前后室的砖墓，如洛阳永宁二年（302年）尚书郎妻士孙松墓，随葬品有透雕铜扣、帷帐石趺、盘口壶、空柱盆、多子盒、绛釉小罐、陶牛车、镇墓兽、武士俑和男女侍俑；较大型墓中多出土有金银饰品。在这个时期的俑制作多种多样。

（六）隋唐的俑

隋唐陶俑，雍容华贵，绚丽多彩，为中国陶俑史上的千古绝唱。隋唐陶俑的兴盛，首先归功于强盛的大一统帝国和繁荣昌盛的文化艺术。

陶牛车

　　大一统局面是促进社会安定、文化繁荣的重要条件。在中国历史上，大凡国家统一的朝代，都创造了灿烂的古代文明，奴隶社会的夏、商、西周，封建社会的秦、汉都是如此，隋唐也不例外。这是因为，国家的安定有利于社会经济的发展，而富足的经济基础，又能促使人们在各个领域创造出灿烂辉煌的文化艺术，并为用于厚葬的陶俑，提供了物质基础。

　　隋唐陶俑的大量出现，与这一时期文化艺术全面繁荣有密切的关系。"文起八代之衰"的韩愈与柳宗元等人掀起的古文运动，一洗前朝文学的空洞无味，以

李白、杜甫、白居易等为代表的唐代诗歌
创作群体，将唐诗推向顶峰，欧阳询、虞
世南、柳公权、颜真卿等一批书坛领袖，
创造出独具特色的书体，使楷书艺术成
为后人宗仰的模范；吴道子的当风衣带，
张萱、周昉的罗绮侍女，曹霸、韩干、韩滉
的世人肖像、田家风俗，李氏父子的金碧
山水，一一跃上丹青；杨惠之、巧儿、张
寿、宋朝塑等人神工鬼斧，塑造人物栩栩
如生，颇为传神。陶瓷烧制与陶瓷艺术也
有长足进步，类雪似银的邢窑白瓷，"夺
得千峰翠色来"的越窑瓷器，独步当时。
特别是"唐三彩"的出现，成为唐代陶瓷
美术中的代表作品。隋唐文化与艺术的
全面繁荣，为陶俑的发展提供了良好的
客观环境，千姿百态、形象各异、题材广
泛、内涵丰富的陶俑艺术，正是借鉴了各
种艺术成就的结果。

　　隋唐陶俑的兴盛，同当时中外文化
交流日益频繁密切相关。汉唐同西亚的
文化交流，基本上都是通过西北丝绸之
路进行的，但又各有特色。汉代的文化交
流，多侧重在物质方面，张骞通西域后，
从西域带回内地的，有葡萄、胡桃、西瓜、
石榴、蚕豆、骆驼、驴等，音乐、舞蹈等虽
也有传入，但影响甚微。唐代则不然，经

唐代仕女俑

过魏晋南北朝时期北方各民族的大融合及对外文化交流的日益频繁，隋唐时期已经对双方文化交流提出了更高的要求，不仅仅是物质方面的交流，更重要的是侧重精神文化方面的交流。所以，通过丝绸之路进入中国境内的，更多的是音乐、舞蹈服饰……表现在隋唐陶俑上，突出的特点是"胡化"。小袖窄衣，着男装，骑马出行等女子时尚，男装中的翻领皮衣、靴子、蕃帽、胡腾舞、朝旋舞、说唱、马球在此一时期陶俑中都有反映。域外的驼、马、胡人俑，甚至来自非洲等地的黑人俑，更是司空见惯，在出土这些俑的墓

唐三彩

的主人中,如阿史那忠、鲜于庭诲、安菩等,都是唐代著名的少数民族将领。隋唐陶俑表现范畴的扩大,是与"胡化"——中外文化交流密切相关的,没有这种交流,就很难出现如此之多、如此之美的隋唐陶俑。

促成隋唐陶俑繁荣的最直接原因,是当时的厚葬习俗。隋文帝杨坚统一中国后,虽曾提倡节俭,但并未得到广泛推行,隋炀帝杨广奢侈无度,因此亡国。隋大业四年(608年),西安李静训墓,墓主人只是一个9岁小女孩,但随葬品却相

胡人舞俑

当豪华奢侈，出土的陶俑、瓷器、玻璃器、金银器、漆器、丝织品等各种装饰品数以百计。河南安阳张盛墓也出土了相当丰富的随葬品，它从一个方面，反映出隋代厚葬之风非常盛行。

唐初，李氏政权基本采取了较为和缓的措施，对于厚葬，既不纵容，也不严格控制。平阳公主死后，李渊为其增鼓吹、班剑之属。贞观九年，李世民为李渊营建陵墓，欲以汉高祖长陵为榜样，务求隆厚。但李世民与文德皇后本身则力戒厚葬。

但李世民的戒令，并没有得到执行，伴随着"贞观之治"的出现，唐初经济得到了迅速恢复与发展，厚葬之风又开始弥漫整个社会，并愈演愈烈。厚葬之风盛行，使得选择墓地，成了一门学问。

后来的唐朝政府，对厚葬之风，又屡加限制，并颁布法令，对随葬物品做出明文规定。但这种限制，由于统治者不能认真执行，规定与法令也就成了一纸空文，毫无用处。检校右武侯郑仁泰墓随葬器物共计532件，其中陶俑占483件。年仅18岁的永泰公主死后，其陪葬的陶俑，就达878件。章怀太子墓随葬品达600件，懿德太子墓出土的完整陶俑竟达

905件之多。这些都大大超过了《唐六典》所规定的数量。逾制的另一表现是尺寸的增大。《唐六典》中明确规定俑类明器最高不得超过1尺，咸阳底张湾豆庐建墓文吏俑高118厘米，西安韩森寨雷君妻宋氏墓天王俑高142厘米，几乎所有大型墓葬中的陶俑，都有100厘米以上者。

隋唐陶俑的兴盛，正是厚葬之风的结果。俑的分布广，数量和种类多，是中国俑发展的高峰。组合上也就是创作主题上，"甲骑具装俑"逐渐消失，仪仗俑逐渐减少，享乐气氛更加浓重，如狩猎、出游等。

(七) 五代十国的俑

五代十国时期的陶俑，承续隋唐传统而又有变化，对两宋陶俑在制作手法、题材内容有深刻影响，在陶俑发展史上处于承上启下的过渡时期。

907年，拥有重兵的唐朝藩镇将领朱温，废掉了唐昭宣帝，自立为帝，改国号为梁，定都开封，唐朝灭亡，中国历史进入了五代十国时期。

五代十国时期是中国历史上又一次大分裂、大割据的时期。各国拥兵自重，为争夺土地、人口、财富进行了无休止的

胡人舞俑

战争。社会动荡、民不聊生、中国封建社会开始走向衰亡。

五代十国时期的陶俑，目前考古发现有：南京南郊牛首山南唐李璟墓陶俑、成都金牛区青龙乡后蜀孙汉韶墓陶俑、四川彭山后蜀宋琳墓陶俑、福州城郊莲花峰刘华墓陶俑、福建永春墓陶俑、江苏苏州七子山吴越国墓陶俑。

南唐李璟墓与闽国刘华墓皆为五代十国时期帝王、皇后墓，其出土陶俑，在数量、大小、制作技巧上，都代表了当时陶俑制造的最高水平。其特征如下：

第一，五代十国时期的陶俑，总体风格上基本沿袭唐俑余续。但由于时代变迁，文化氛围相异，二者之间仍有些微不同。唐俑精神饱满，充满健康向上的青春活力，五代十国时期的陶俑，纤小细弱，缺乏内在的生命力。

第二，五代十国时期的陶俑在具体塑造手法上，有独到之处。俑分捏塑与模制两种，但其五官、服饰都是用刀精细刻画而成，较模塑更加准确生动，特别是对衣服线条的刻画，质感较强。此一时期陶俑面相虽丰润圆满，有唐俑余韵，但神情渐趋严肃、呆板，侍立俑等五官僵直，缺少曲线变化。衣服中胡服日趋减少，但唐

骑马文吏俑

龙龟山石俑造像

代妇女盛行的广袖大衣、抹胸、云肩，仍是时人喜欢的流行服饰。冠帽丰富多彩，远胜前朝，仅上述李璟、刘华之墓，冠帽便有道冠状帽、莲瓣状帽、方形小帽、幞头、风帽、胄形帽、"王冠"形帽、僧帽、角状帽、筒状帽等多种，不同的身份，有不同的装扮。女俑发髻高耸，脑后多插簪饰物的小孔。男俑中的众多冠帽，以方形帽最多，它奠定了北宋以后陶俑以方形帽为主流的基础。

第三，陶俑中艺术水平最高的为男

宋俑观风鸟

女优伶舞蹈俑，头戴高冠，身着长袖舞衣，翩翩起舞，姿态优美。头部与身体比例虽不科学，但其面部表情生动、传神，反给人以新颖独特之感。而这一题材本身也反映出南唐艺术繁荣——歌舞升平之景象。

（八）宋代的俑

宋代时制俑业日渐衰落，可能是受纸明器流行的影响。河南方城盐店庄村宣和元年（1119年）强氏墓中，出土残、整石俑近40个，是较罕见的例子。四川宋墓中出土有较多的陶俑。受当时流行的堪舆术的影响，俑群中反映出行仪仗和家内奴仆的形象减少或消失，出现了一些新的与堪舆迷信有关的压胜神物的形象，如作老翁状的"蒿里老公"、着甲胄的"镇殿将军"、人首鱼身的"仪鱼"、蛇体双人首的"墓龙"、人首鸟身的"观风鸟"等。北方辽金，由于民族习俗不同，以俑随葬更罕见。在山西侯马的金代墓葬中，出土过涂彩的杂剧砖俑；江西部阳和景德镇南宋墓中，出土过作表演姿态的瓷俑。

宋俑大部分小巧玲珑，人物和动物搭配样式很多，宋俑骑双头牛瓷塑就是很小的一件作品。

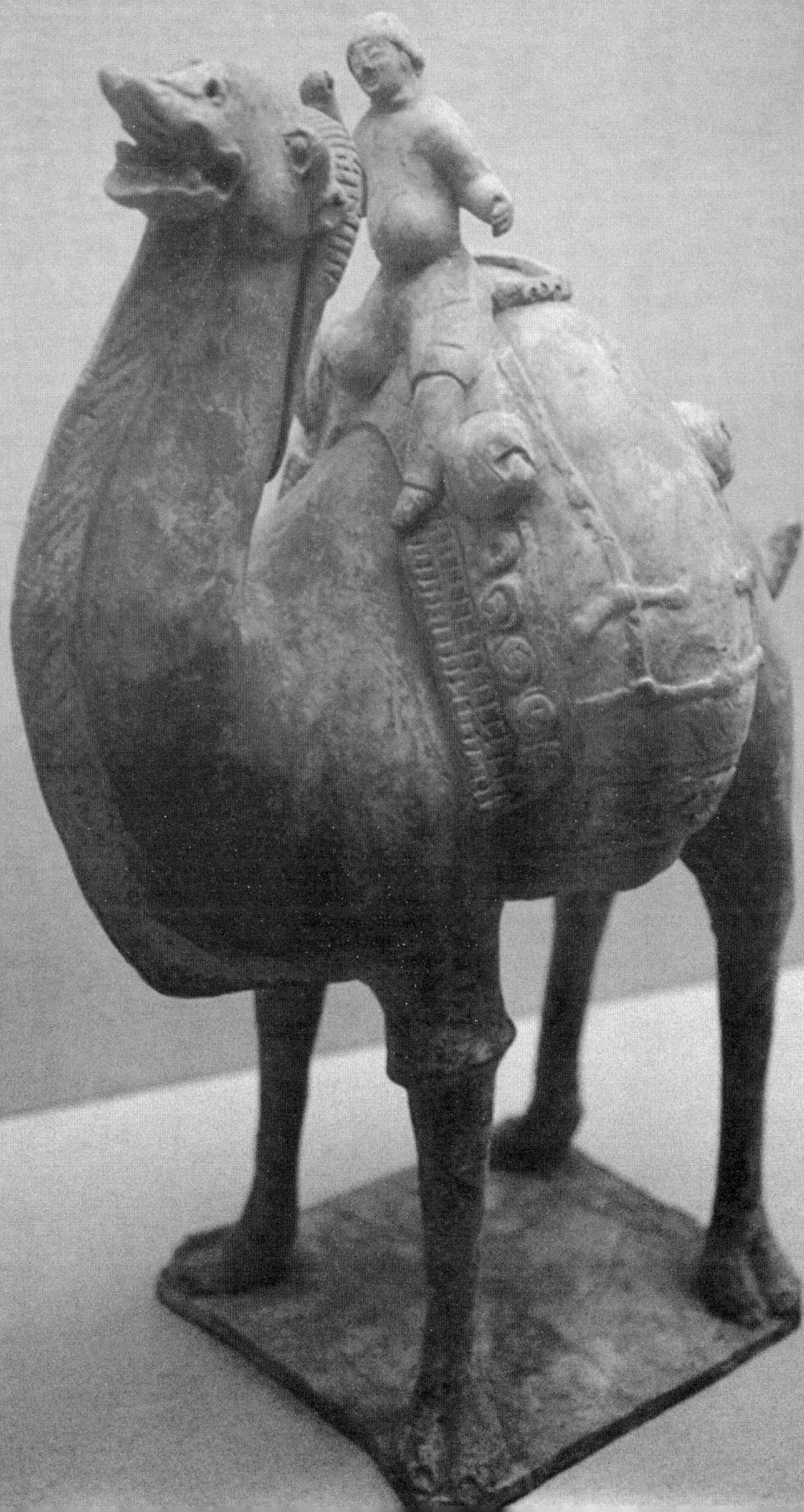

元代彩绘陶俑

（九）元明清的俑

元代出土的文物有很多种，其中陶俑、瓷器、木器、衣服、图画最有代表性。陶俑中以婢女、说唱俑为主，此次出土的大规模车马仪仗队在元代出土文物中是没有见过的。元代早期和中期的墓葬多采用宋金时期的仿木建筑结构。到了元代末期，这种墓葬结构就基本上消失了，出现的墓葬多与明代墓葬相近。步入明清后，制俑艺术日渐西下，俑作的品种、数量均不多，也失去了艺术感染力。

四
　各时期的俑作品

汉代人俑灯

人俑灯

古代铜灯具起自战国中晚期,历秦、西汉,直至东汉。大多为铜制,亦有陶制品。在汉代灯具中占有相当的比重,其造型均作人物持灯状。灯的人俑形象有男有女,持灯的方式也各式各样,绝少雷同。其中以"长信宫灯"最典型,该灯具作宫女跽坐持灯状;有的是少数民族的形象,以"当户灯"最为突出,作胡人半跪擎灯状,灯上刻铭曰"当户锭",指明人俑是象征匈奴官吏(匈奴官号有左右大当户)。人俑持灯有多种形式。有的站立,两臂张开,举灯过顶;有的跽坐,两手前伸,托灯在前;有的左手持灯,右臂侧举,袖口下垂成灯盖;有的半跪,左手按膝,右手擎灯;有的匍伏,双手托灯;有的骑于驼背,双手举灯;有的头顶灯具。千姿百态,各不相同。一俑所持灯盘,一至三个不等。灯盘有圆环凹槽形和盘形等,盘中一般都有烛钎。灯的大小悬殊,高户灯仅12厘米,银首人俑灯高达66.4厘米。

骑兵俑

骑兵俑是秦始皇兵马俑中的一种。骑兵俑上身着短甲,下身着长裤,足蹬马靴,一手牵拉马缰,一手提弓,陶马背上塑鞍鞯,头上戴着络头、衔、镳。俑和马的大小与真人、真马相似,造型准确,形象逼真。

马身长约 2 米,通首高 1.72 米。骑兵俑身高 1.80 米,立于马前,一手牵拉马缰,一手作提弓状。骑兵俑的铠甲比步兵和车兵的甲衣短,长度仅及腰际,双肩无护肩甲,这样便于骑马和操持弓弩。上衣为窄袖口,双襟交掩于胸前,长度及膝,这样抬腿上马比较方便。下身穿长裤,足蹬短靴,头戴圆形小帽,帽上有带扣结颔下。骑兵俑的服饰是秦人服饰与古之"胡服"交融历史中最典型的例证之一。

骑兵俑 4 匹马一组,3 组一列,排成整齐的长方形骑兵阵,气势威武,生动地展现了秦始皇时代骑兵的真实形象。骑兵的行动轻捷灵活,能离能合,百里为期,千里而赴,出入无间,被称为"离合之兵"。正因为机动性强,如鸟散云合,变化无穷,所以战国时代的骑兵已成为战争中的一支重要力量。

将军俑

陶制,高 197 厘米,秦俑,出土于陕西临潼秦始皇兵马俑一号坑。秦始皇的兵马俑分步兵俑和骑兵俑两个主要兵种,每个兵种又有士兵、军吏和将军的区

将军俑

秦始皇陵兵马俑

别。这些雕像虽然都是类型化的人物，但并不千篇一律，几乎每一件陶俑都有其典型的性格特征。以将军俑为例，秦朝的雕塑家们不仅塑造了不同的外形特征，而且还创造了不同的个性和气质。有的聪慧机敏，血气方刚；有的深谋远虑，运筹帷幄；还有的老成持重，遇事不惊……雕塑家们在艺术上的处理是如此的出色，以至于我们感觉到他们距离自己并不遥远，都是实实在在、有血有肉的人物。这件"将军俑"就是很好的例子。

雕像中的将军高180厘米，体格健壮，身材高大，前庭饱满，双目炯炯有神。

残损的兵马俑

兵马俑展坑

各时期的俑作品

立射俑

他头戴燕尾长冠，身披战袍，胸前覆有铠甲，双手相握置于腹前，它们有的握着铜戈，有的擎着利剑，有的拿着盾牌。脚上蹬着前端向上翘起的战靴，头发大多挽成了偏向右侧的发髻。他的神态刚毅自然、沉稳平静，表现出身经百战，临危不惧的大将风度和运筹帷幄，决胜于千里的百倍信心，是当时秦朝威震四海的强大军队中上层武官的真实写照。

立射俑

这批立射俑均出土于二号兵马俑坑东北角的弩兵方阵内。其装束和姿态基本相同，都是不穿铠甲的轻装步兵俑，造型准确，形象逼真。其姿态是：左足向左前方斜出半步，双足成丁字形，左腿微弓，右腿后绷；左臂向左侧半举，右臂曲举于胸前。头和身体微向左侧转，昂首凝视左前方。这种立姿当为持弩发射的预备动作。《吴越春秋》记载："（越王对陈音说）愿复闻正射之道。陈音对曰：臣闻射之道，左足纵，右足横；左手若扶枝，右手若抱儿。右手发，左手不知，此正射持弩之道也。"文献与实物两相对照，基本吻合。从此俑双手的手掌伸张看，说明手里没有持弩，仅是作持弩的习练动作。其足法、手法、身法都合理合度，非常科学。反

映了秦始皇时代的射击技艺已达到很高
的水平,形成了一套规范的模式,并为后
代所继承。

兵马俑的造型一般都是中央垂直,
左右均衡对称,动作较小,缺乏曲线的旋
律感。而立射俑是动态的写实,在中国古
代雕塑史上是比较少见的杰出作品,那
头微侧转,绷着嘴,鼓着劲,严肃认真的
神情和动作互相呼应,栩栩如生。反映了
两千多年前的中国雕塑艺术已达到相当
高的水平。

跪射俑

跪射俑大多数出土于二号坑。高
120厘米,陕西临潼秦始皇兵马俑二号
坑出土。二号坑为一个多兵种的曲尺形
军阵,分阵心和阵表两部分,阵心即为跪
射俑组成。

跪射俑造型的特征:上体笔直挺立,
下部是右膝、右足尖及左足抵地,三个支
点呈等腰三角形支撑着上体,重心在下,
增强了稳定感。甲片随着身体的扭转而
流动,衣纹伴着体态的变化而曲转。种种
富有韵律感的线条,烘托着人物的动态,
使人物形象更有真实感。这些跪射俑的
面容和神态各不相同,具有明显的个性
特征,跪射俑是兵马俑中的精华,中国古

跪射俑

武士俑

代雕塑艺术的杰作，由于跪射俑高度最低，所以是兵马俑中唯一一个完好无损的兵马俑。

武士俑

武士俑(一号俑坑出土)的装束基本相同，都身穿交领右衽长衣，外披铠甲，下身穿短裤，腿扎裹腿，头绾圆形发髻。有的穿短靴，有的穿方口齐头翘尖履。双臂自然下垂，右手作提弓弩状。此类圆髻铠甲俑，一号兵马俑坑内目前共出土155件，其中有84件是跟随战车的隶属步兵俑，其余71件是独立步兵俑。对研究中国古代的步兵史具有重要的意义。

俑的发髻部位于头顶的右侧，反映了秦人尚右的习俗。交领右衽长衣属于汉服，而短靴和腰际束的革带属于胡衣，显示了秦朝时民族文化的融合已深入到人民的生活。左面第一个武士俑身上有一刻文"尚"字，为陶工名，是此件陶俑的制作者。

　　驭手俑

　　出土于二号兵马俑坑 T1 试掘方战车后。通高 1.89 米。身穿长襦，外披铠甲，胫缚护腿，足穿履，头绾圆形发髻。戴长冠，冠上有带系结颔下，带尾垂于胸前。甲衣比较特殊，双臂的护甲（古名披

驭手俑

各时期的俑作品

军吏俑

膊)长及手腕,手上并罩有护手甲,颈部亦围有护甲(古名盆领)。这种甲衣为迄今为止考古发掘所仅见。古代战车上的御手站在车上控驭车马,目标大容易受到敌人箭镞的伤害。御手一旦受伤则车易失控,造成军队混乱而致败,所以特别注重对御手的防护。

军吏俑

出土数量较多,依其装束的不同,可分为三种:(1)身穿齐膝长襦,外披带彩色背带和彩色花边的前胸甲(无背甲),下穿长裤,足蹬翘尖履,头戴双版长冠。左手按剑,右手持物不明。神情肃穆,有一种威严的魅力。(2)身穿前后摆下缘平齐的彩色鱼鳞甲,头戴双版长冠。左手按剑,右手持戈、矛兵器,立于步兵俑之中。神态威猛,说明他是位身先士卒的中级军吏。(3)不穿铠甲的轻装军吏俑,身穿长襦,下穿短裤,腿扎行縢,头戴双版长冠,位于轻装步兵俑行列中。

陶牛车及陶俑群

南京新民门外的象山,是东晋琅玡王氏家族的族葬地。以东晋宰相王导为首的王氏家族在当时地位显赫,为江东豪门之首。民间流传"王与马,共天下"。意思是说:东晋王朝实际上是王氏与司

马氏共有的天下。在南京象山共发现王氏家族墓葬 7 座，其中象山 7 号墓出土的陶牛车和陶侍从俑群是迄今六朝考古中发现的最大最精美的一套。

象山 7 号墓位于象山西麓的半坡处，也就是象山的山头上，墓门朝西稍偏南，是一座保存十分完整的墓葬。墓内的积土为 8—15 厘米，大部分随葬品暴露在积土上。

陶牛车高 44.2 厘米，长 73 厘米，牛高 24 厘米，长 42.5 厘米。陶牛全身涂有白粉，形体较瘦长，躯干匀称有力，四肢直立，脖子上架着车衡，它张着嘴低着

陶牛车及陶俑群

头，双角向前弯曲，两耳向后，似乎在拉着车缓步慢行。陶车双辕平行前伸，两端连接车衡，车厢是一个长方形，平顶，顶棚前后出檐，车厢前部全部敞开，这样便于车主人游览观景。车厢后面封闭，开有一门，供主人上下车使用，车厢两旁没有车窗，车厢内非常宽敞，车内放置一个三条腿的凭几，圆弧形的设计让主人可以惬意地倚靠着。车厢下两个辐条式的车轮与车轴相连，运转自如。在牛车周围有一批侍从俑群，全部是手工捏制的，有的有刀削的痕迹，多数表面涂有白粉，现已脱落。在牛车的前方有一个牵牛俑，他头戴尖顶后倾的小帽，左手平伸，右手握拳，头稍偏左。牛车旁有一个跪俑，双手平摊于胸前，应为方便主人上下车之用，起到人工台阶的作用。牵牛俑与跪俑均上身穿短衣，下身穿着裤装。在牛车周围还有戴平顶冠俑 5 件和戴梁冠俑 5 件，戴平顶冠俑都穿着尖领衣，其中一件着裤装，两手放于腰前，右手在上，左手在下，作持物状。其余着长衣。戴梁冠俑穿长衣，下部呈喇叭状，双手拢于腰前，手持笏板。侍从俑群排列于牛车周围，以便主人的随时召唤。

乘坐牛车是两晋、南北朝之际南方

士大夫中盛行的风气，豪门贵族以出门乘坐牛车为尊，反对乘坐马车，因为牛车行走缓慢，便于观景，乘坐非常安逸，而马车则显得比较颠簸。在晋、齐、梁车舆礼制中，制定了乘坐牛车的等级和使用范围，崇尚牛车之风愈演愈盛，陶牛车及侍从俑群的出土，再现了东晋时期豪门贵族出行时前呼后拥、怡然自得的豪华场景。从一个侧面反映了当时贵族的生活情况，是研究东晋时期的出行制度、风尚习俗以及车舆服饰制度的重要实物资料。

持剑木俑

这件执剑木俑堪称楚国木雕的杰

残缺的持剑武士俑

持剑武士俑

作。俑由三部分分雕合成，头、身、下肢用一根整圆木雕成；上肢雕成后用榫卯与肩部装接；木剑另雕嵌入半握的左手中。木俑头部平，浅雕出五官，长长的眉弓，上挑的眼角表现了武士目光冷峻、表情严肃。双臂平端横持一剑，左手持剑柄，右手托剑鞘，大有"剑拔弩张"的临战姿态。上身外披短衣，内着窄短袍，脚蹬靴。整个木俑威武勇猛，表现了准备随时与来犯敌人决一雌雄、誓死保卫主人的武士形象。俑身所着似为战甲一类服饰，外衣无缝，极似甲，臂与上身又似不连属，长仅及臀部，膝下还附有某种物件。古时的战甲有用犀牛或水牛皮制做的，用细条连缀成整体的甲状，称犀甲。有用绵练一类织物制做的，类乎后世的绵甲。此俑之甲，臂与甲身不连属，膝下有附件，与三属之甲，即上身与肩臂、髀裈、缴三部分均构成的组甲相近似，或应是组甲。长沙地区地近楚国东南边陲，与吴国、越国常有战事，因此，墓中常有武士俑出土，曾经出过一件披甲武士木俑，上身髹成黑色，用金线绘出一排排甲片，应是一种金属制作的鱼鳞甲。披甲武士俑的随葬，除与墓主人的身份直接有关外，与所处的地理环境，以及当时的形势也有着密切的关系。

木雕奏乐俑

　　墓中随葬木俑,有的作站立状,有的取坐姿,有男有女,面部均雕成三角形,身上无任何色彩装饰,但姿态各异,有执工具的劳作俑,有恭立的侍俑,以一组手执各种乐器的奏乐俑最为珍贵。

　　乐俑的具体组合已不能确知,从俑奏乐的姿态及出土的乐器看,应有击鼓、吹箫、抚琴瑟等。如执槌乐俑,站立于一圆盘形基座上,双手执木槌,一高一低作打击状,木槌细长,前端有小圆头,所击为何种乐器已无从得知,视其动作姿态应是鼓。抚琴、抚瑟俑,作跪坐状,腿上斜

木雕奏乐俑

置一琴或瑟,头微低面向琴瑟,双手作弹拨状。有的端立地面,足下无基座,双手执一管状乐器,平举至口部作吹奏状,可能是吹笛一类的乐器吧。有的双手略举起,头平抬,脸向前,似乎是刚刚奏完了一支悠扬乐曲后的收势,情态怡然自得,很是惬意。

楚国向以礼乐发达而著称,目前所发现的各大墓均有乐器出土,但出土乐俑者并不多,可见大墓的主人是一个酷爱音乐的贵族,死后依然要丝竹之声不绝,乐此不疲。江汉一带的音乐在战国晚期十分发达,一直影响到了秦汉。长沙马王堆西汉早期汉墓中出土了成套的乐器,正是这一影响的结果。

先秦的双头镇墓兽

1978年湖北江陵雨台山天星观战国楚贵族墓出土,通高170厘米,由木雕兽身及鹿角组合而成。现藏于荆州地区博物馆。

这件木雕漆绘双头镇墓兽,由底座、兽身、鹿角三部分拼合组成,运用榫卯衔接牢固,谲奇神秘,气势非凡。其制作比较复杂,底座由基座和支座构成,基座为方形,表面髹黑漆,四面纹样相同,即在黑漆之上以红、黄、金三种色彩勾绘云

男女陶俑

双头镇墓兽

纹、兽面纹，下部正中长方形内绘云雷纹，四面各有一衔环铺首。支座呈拱形突出于基座中央，下部及上二角勾有云雷纹，拱形间有一丁字形木相连。兽身为两个相背的连弓形龙身，曲颈相连，同插于拱形架上，身饰龙纹，每个兽首两侧各有一衔环铺首。兽面雕刻出凸眼、卷眉、牙、长舌，长舌下垂与龙身相接并向外撇出，兽首顶上两侧各插有两支真的鹿角，犹如树枝一般耸立成花冠状，雄伟壮观，鹿角也都髹漆，绘黑色卷云纹和弦纹。整个器物造型稳重而不失活泼，华丽而不失典雅，在祥和肃穆中透出威严，这正是设

各时期的俑作品

战国彩绘木俑

计者的主题思想和用意所在。许多楚国的镇墓兽上端都用鹿角，体现了楚国人对鹿尤其是鹿角的尊崇和迷信心理，一般多用两个鹿角，而这件镇墓兽却使用四个鹿角，鹿角加倍使用，更加重了鹿角的神威。

先秦的彩绘木俑

此类俑皆用整块木料雕刻，造型均作侍立状，除一俑双手曲举胸前，一俑双手交握于胸前，双足残失外，其余形相大体相同。椭圆形的脸庞上雕出鼻、嘴、耳，眼和眉则用墨绘，挺直的鼻梁，浅浅的眼窝，弯月似的眉弓，透出一股庄重矜持的

灵气。头发用墨绘出,脖颈细长,十分突出。身着短襦长裙,腋下系带,一俑领间系结。服饰用朱、黑二色彩绘,正面裙带左右两端墨绘扣饰,身前两侧佩挂成组的玉佩饰,左右各一串,组佩由管、珠、璜、环等穿缀组成,上端系挂于裙带,长与裙等,末端有流苏状饰。两俑的佩饰所用的玉饰件品种完全相同,只是穿缀组合及形体大小略有不同。

木俑的雕琢分头身、足、小臂几部分进行,然后组装拼合成整体,足上有榫可插入俑身下端的卯眼,上臂与小臂亦用榫卯连接。人物造型准确,人体各部比例中规,雕刻精细,彩绘鲜明,代表了楚国彩绘木俑工艺水平。

从这些眉清目秀、十分俊美的侍者的服饰彩绘中,可以看到楚人对衣饰美的追求有独到之处。中国自古以来就认为对称是一种美,然而这两件俑所反映的楚人的衣着,却在颜色配置上不用对称法,而是右袖用黑色,左袖却用红色,交错配置,裙上身下摆颜色搭配也都如此,这种大胆的色彩是现今才流行的。足见楚人在色彩艺术的使用上的自由奔放,不拘一格,发达的楚文化正是基于这种思想基础上才形成的。

马王堆汉墓出土的木俑

少数民族木俑

1986 年新疆维吾尔自治区哈密焉不拉克村墓地出土，年代约为公元前一千年，相当于中原地区的西周早期。高 12—22 厘米，木质，刻削而成。现藏于新疆维吾尔自治区博物馆。墓地古墓中共出土木俑 9 件，这些木俑均利用厚木板以简陋的雕琢手法削刻而成，先削出简括的头部及身躯，再刻饰表现细部，面部一般只刻出鼻子，形体硕大，其他器官则用小戳点表示，有的甚至不刻饰五官。上肢殊短，仅刻出上臂，下肢叉开较长，但男女性器官皆刻得十分显眼细致，意在

新疆出土的女木俑

表明男女性别。男俑有的头戴尖顶毡帽，上身里面缠一层毛绳，外裹一层毛皮，下身缀以红色平纹毛织裤，裤脚各缀一块皮子以代替皮靴。腰部缠一皮带，上系三个小皮鞘，鞘内分别装一小铜刀、木柄铜锥和木柄小刻刀。女俑帽饰不明，颈以下着紫红色平纹毛织长裙，裙摆用红色毛线缝缀，肩部用黄、棕、白三色毛线拧成绳捆扎，裙内下部穿两只短筒皮靴。

这些木俑中，有许多用线雕刻画出长大粗壮的鼻子，显示出明显的少数民族特征，可以推测，它们是西周时生活在这一带的少数游牧民族的写照。

就在中原商周已经开始使用俑取代

殉人的时候,远在边陲的西北新疆地区,也在同时使用木俑来随葬,而且这些木俑的装饰手法别具一格,有着浓厚的地方性特点。这同时又揭示了人类社会虽所在的地区和民族不同,但在大体相当的发展阶段上,会受人类社会共同发展规律的作用而出现类似的事物。

男女囚徒俑

1937年河南安阳小屯村商代都城殷墟出土,尺寸失载,灰陶制。现藏于台北中央研究院。

俑为两件,一为男性,一为女性,都在手腕处套有枷锁。男性奴隶手背于后锁枷,女性奴隶手在前锁枷。两件陶偶的造型都很粗糙,人体比例极不协调,圆球状的头几乎占去了整个身体的三分之一。

商代是个高度发达的奴隶制国家,奴隶们的血汗凝聚成灿烂辉煌的青铜文化,这些会说话的工具虽然为奴隶主创造着无穷的财富,但他们的命运是无法形容的悲惨。为了防止逃跑,他们平时总是戴着沉重的枷锁,奴隶主死后,还要将这些奴隶带到另一个世界中去,即使奴隶主最喜欢的近侍也难以幸免,他们或被砍头,身首异地抛在奴隶主大墓周围

陶塑囚徒俑

安阳殷墟博物馆

的杀殉坑内，或埋葬在奴隶主棺椁旁。这就是奴隶们的归宿。这个残酷的现实在现代人看来是那样的有悖人性，不可思议，但在当时这似乎又是那样的理所当然。

商代奴隶主的统治维持了三百多年，在这三百多年中六迁其都，最后在商王盘庚时把都城迁到了殷，就是现在的河南安阳小屯。这个被称为"殷墟"的地方，一直被埋没了三千多年，直到1899年这里出土的大量甲骨卜辞被金石学家认出，它的本来面目才逐渐被人们所识。前中央研究院历史语言研究所考古组成

立伊始,即在这里进行正式考古发掘,直到 1937 年抗日战争爆发前共进行了十五次发掘,就在第十五次发掘时,出土了两件陶制奴隶的偶像。

这两件奴隶的偶像应该归入俑的范畴,无论它出于宫殿建筑的祭奠坑还是墓内,它的含义是相同的,即它们是被用作杀殉奴隶的替身,这作用的本身就可称为俑了,这是目前最早的俑。这两件俑的制作者是何人?为什么在盛行奴隶杀殉的商代会出现杀殉的替代物?这是一个复杂的问题,必须对商代社会给予剖析才能洞察其原委。

陶塑商人俑

延续了三百多年的商代奴隶社会，从早期到晚期并非一成不变的，早期那种把战俘作为奴隶的情况，到了晚期殷墟这个时期已经发生了变化。奴隶作为一个阶级已经被固定下来，奴隶的来源大部分来自奴隶本身的繁衍，即奴隶的后代还是奴隶，奴隶不仅作为农业、手工业的生产力，而且也在生产奴隶。奴隶的价值，奴隶的重要性已日益受到奴隶主们的注意。那些富有智慧、能力卓著的奴隶被奴隶主提拔到身边作为近侍或歌舞乐伎，他们的待遇要高于其他劳作奴隶。在殷墟奴隶主墓葬中，曾经发现一位殉葬的奴隶，身上置一枚极其精制的兽面纹白陶埙。白陶在商代被视作非常高贵的陶器，目前的发现也微乎其微。可见这名奴隶是其主人非常喜爱的吹埙伎人。像这样宝贵的奴隶被大量杀殉埋葬，无疑是奴隶主的巨大损失，因此到了商晚期，一些奴隶主中的有识之士，就想出了用替身取代奴隶的办法殉葬死者。然而为了表明这种替代物的身份和地位，就在俑身上加上了枷锁，因为在当时人看来奴隶和枷锁是分不开的。

先秦银铸武士俑

1928 年河南洛阳市金村东周大型

东周银首人俑铜灯

木椁墓出土。高 8.6 厘米，银质，范铸。已流散国外，现藏于日本东京都细川家。这座大型木椁墓因大雨之后地面塌陷而暴露，墓内随葬大批青铜礼器、漆器、玉器、银器等。根据铜器铭文断定是一座东周王室的墓葬，可惜墓中出土的大批文物，均被盗，且多已流散国外。银俑共出土 2件，一件裸体男像，已流入美国，另一件着衣男像，即先秦银铸武士俑，已流入日本，载日人梅原末治编《洛阳金村古墓聚英》一书，认为是"胡人"。俑作垂手侍立状，头露髻，为椎状小髻，绾于脑后，身着右衽窄袖短袖短袍，长及膝，腰系带，袍襟旋绕于后，下穿瘦管裤，长至脚脖，跣

九件套编钟

足,足胫间似裹有行缠,两手半握拳,从握姿看手中原无物,似在等候主人的命令。面部表情呆板而阴沉,人物健壮有力,表现出是一位忠诚的卫士。以银铸造人物在先秦极为罕见,这件银武士俑大概是侯国的贡品。造型没有什么特色,但人物比例适度,五官清晰。洛阳是东周王室所在地,是当时的政治、经济、文化中心,因此这里工艺精品荟萃,历来常有文物精品发现。此墓除这件银铸武士俑外,还有许多极为精致的工艺品,如错金银的鼎、敦、壶,透雕龙虎纹大玉璧,错金银狩猎纹铜镜,嵌玉带勾,金饰玉卮、耳杯等,最著名的是九件一套和五件一套的两套编钟，这些文物精品大多有纪年铭文，为研究战国的历史提供了十分宝贵的资料。

先秦青铜驯鸟俑

20 世纪 20 年代由河南洛阳金村战国墓出土，高 28.2 厘米。青铜，范铸。现藏于美国波士顿博物馆。战国晚期北方地区俑的雕塑技艺已发展到一个新的高度，青铜驯鸟俑与前述银铸武士俑，可作为这个时期的代表作品。驯鸟俑站立在一前低后高呈坡形的铜座板上，头发分披头两侧，梳成发辫垂于胸前左右，身着圆领长袖短袍，袍长至膝，腰束革带，革带上似缀有珰。衣领处似别加一衿，袍饰

先秦青铜驯鸟俑

竖条纹。下穿紧身青铜驯鸟俑裤,足蹬长筒靴,双手平举,各执一杆,俑仰面注视杆端,杆端今各栖一鸟,此为后人所加,原物已失。这是一件绝妙的铜雕佳作,不仅在雕塑史上应有其地位,而且在金属铸造史上也应有其重要意义。从铸造技术上看,这件铜人需要多范分体铸成,然后再焊接在一起,这中间要经过多道工序,没有一定的技术水平是不可能做到的。这件铜俑的身份尚不能知其详,从装束发式看应为女性,如果棒上的鸟确为收藏者所加,可见收藏者有很高的鉴赏造诣,而就此有人将此女性称为"驯鹰

战国蹲跪武士俑

师"也是无不可的。无论棒上为何物,都不会使这件颇具匠心的艺术品有所逊色。这件俑构思巧妙,人物的表情刻画得十分细腻,凝视的双目,鼓起的口型,都表明举棒者在进行一项十分专注的工作,如果是鸟,大约是鹰隼或鹦鹉一类可驯服豢养的鸟。战国时期养鸟是一种风气,在山西长治分水岭战国墓中就出土有鹦鹉站在柱头的装饰品多件。可见,这件俑所表现的可能是一个驯鸟的女仆,她在调教柱状物上的鸟,一方面在教其学语,另一方面用一只已经驯化了的鸟(右手未加链者)作榜样。画外之意尽在不言中。独具匠心的设计,妙到无以复加的程度。出土铜俑的洛阳金村古墓于20世纪20年代被盗,这件铜俑与许多艺术精品流出国外。

先秦抚膝跽坐俑

抚膝跽坐俑

1973年秦始皇陵区出土。通高65厘米,灰陶质。现藏于陕西省博物馆。俑作坐状,这是春秋战国以来一直流行的坐姿之一。直到汉代,在正规的场合,如出席宴会、参加会议、访亲问友、教书受教,均需如此坐,否则将要受到讥议。同所有的秦陵兵马坑里的陶俑一样,这件陶俑的头发也是中分,然后皆梳于脑后,

玉雕踞坐人

最后握发卷挽成髻。而略异的是陶俑发髻不打花，成锥体状。需要特别指出的是，由秦陵诸俑的发式可知，秦时，居民的发式是各种各样的，有几十种，但梳头次序大多都是先将头发中分，然后再梳发式。坐俑内穿长褐，外罩长袍，这是很独特的。在秦陵兵马俑坑里，大多是或穿长褐，或服短褐，很少身穿重装。至于有一些俑也是身穿重袍，也是外罩袍明显短于内褐，而不是外罩袍长于内褐。和所有的秦俑一样，这件踞坐俑的脖子上也披了一条汗巾，汗巾披在长衣里。此俑腰板直挺，双臂下垂，双手握成空心，掌心向下，自然地搁置在膝上。作者着重刻画

秦始皇陵驭马俑

了此俑的心理活动：此俑双眉低垂，眉骨高耸，双目俯视，嘴唇微合，结合腰板直挺、双臂下垂的姿势，我们似可感受到此俑温顺而略带惶恐的复杂心理。这是最早发现的一种秦代大型陶俑，其制法与兵马俑一样，也是将头与身体先分别雕塑，再烧制后组合成形的。除了这件陶俑之外，在其同一地区，以及在其附近的其他地方，考古工作者还发现了一些相同身份的陶俑。它们的制作过程及表现手法基本上是一致的。通过研究，以及根据其出土的方位和地层，可以肯定，这种陶俑就是文献所载的"圉师"，也就是掌管马厩或饲养马匹、驯马的人。秦陵兵马坑中有这么多的"宫马""战马",自然要人饲养和调教,陵中出现"圉师"是很自然的事情。这种推测已为考古发掘所证实:在秦陵东边偏南处,考古工作者发现了九十多个丛葬坑,部分随葬陶器上就刻划有"左厩""中厩""宫厩""三厩""大厩"等字样,说明秦陵内确实随葬有饲马俑。秦军的部队纪律严明,大量使用马匹。作为一个养马人,他地位低下,又随时都有因马匹出差错而被叫出来惩罚一顿的可能,故而,他面现温顺而内心惶恐,是很自然的事。秦代的匠人抓住了圉师的这一心理特征,作了着重描绘,可谓传神之

俯瞰秦始皇陵兵马俑博物馆展坑

作。

铜四人博戏俑

1974 年甘肃灵台县傅家沟一号西汉墓出土。通高 7.9—9.2 厘米,青铜铸造。现藏于灵台县文化馆。

四件陶俑皆跽坐,形态各异。掷彩的一方是右边二人。稍靠后的那一位,看来是一个生性豁达的人,他头发上绾,挽一个长头髻,袒胸露背,左手正扬起,朝稍前的那一位手掌上拍去;稍前的那一位,身体前倾,仰脸,望着后面那一人,其左手支地,右手掌心向上伸出。左边的二人大概是相博的一方。稍后那人,身体前倾,重心向右,以一手支着左膝盖,一手扬起,因掌已残,不详手掌掌式;稍前那一位,头略低垂,身体后倾,以右手支地,一副没精打采的神态,推测他的运气不佳,已经多次输局。

汉代的一些居民好赌,这已经是众所周知的事实了,而在豪门中间,这种风气更盛。这组铜俑就是对这种社会风尚的真实反映。产生这种风尚的原因是多方面的,既有社会的原因,也有经济的原因,更有民俗方面的原因。西汉的开国君主刘邦,本是一个颇好为赌的政客,他坎坷的一生多数是以赌取胜,他所统领的

铜四人博戏俑

部队，也往往是用奇兵取胜，这种情况对于整个社会是有影响的。西汉时期，经济发达，生产力有了很大的发展，多数居民都能获得比较安定的生活，尤其是经过文景之治，国家更加富足。富裕了的居民将其财富消费到什么地方去，这本是一个亟待解决的问题。由于国家倡导不足，富裕了的居民开始趋于赌博，这是经济原因。经过春秋战国时期的混战和融合，再经过秦朝的统一，西汉时期正处于上升阶段。富有朝气的汉族居民在生活的各个方面都显示冒险精神，这是很自然的事。赌博从某一种意义上来说也是一种冒险精神的体现。这组陶俑是以较为鲜明的动态感来表现内容的，即以四人不同的神情、姿态、服饰、穿着来表现场中的气氛。由于铜俑是以其特有的弧凸体面来反映造型的，故其形体虽小，但其造型的效果却显得雄浑饱满，再加上精细地刻画出了四个俑的胡须、眉毛等细部，从而使得这组俑达到了丰富而简练的艺术效果。

憨态可掬的古陶俑

执杖隶役俑

1960年上海市卢湾区肇家浜路明代潘允徵墓出土。高21厘米，杉木，圆雕。现藏于上海博物馆。俑头戴道冠形

骑俑

帽,身穿盘领长袍,右臂夹杖,左手下摆,方脸,双眼圆瞪,表情威严,有一种执法人的感觉。古代施罚,一般是以杖击了事,这件隶役俑,腋下夹着的杖就是这种刑具,主要是在施行廷杖时使用的。廷杖,即在朝廷上杖打大臣,始于金元,当时大臣被杖之事,史载不鲜。入明,朱元璋不仅承袭其制,而且变本加厉施行,不论官职尊卑,稍忤皇帝旨意,即施廷杖,经常是杖毙了事。廷杖,成为了明代皇权极化与高压政策相结合的时代特点。据史载,明代杖打大臣,行杖的是锦衣卫校尉,监刑的是司礼监太监,杖打的地点在午门外。执刑之时,众官穿朱衣陪列于午门外西墀下，左列宦官，右列锦衣卫，各30名，下列旗校百人，皆穿紧身臂衣，持木棍，宣读后，一人拿麻布兜将"犯人"自肩脊而下捆好，左右不能动。一人缚其两脚，四面牵曳，仅露臀部受杖。所谓宣读是数十位官员捧驾帖，喊"带上犯人"，跟着下面千百人也大喊呼应，"犯人"跪下听完宣读驾帖就行刑，行杖时喊"着实打"或"阁上棍"。"阁上棍"指的是杖打股上，杖毕，校尉四人用布袱将犯人拖曳而去。而重要的是，被杖人的轻重死活，全在于行杖校尉和监刑太监之手。锦衣校尉行杖，只要看监刑太监的两只靴尖，若两只靴尖向内收敛，则被杖人就休想活命了。一般地说，明代朝廷上大臣被杖打，多数是由于上奏进谏时忤背皇帝旨意而被打，很少是因为有罪而受刑的。明初，朱元璋的法律思想是："明礼以导民，定律以绳顽。"和历代皇帝以儒家思想为主导的"礼主法辅"一脉相承。终明之世，廷杖不绝，愚忠之士不以为辱，反以为荣，甚至毙死于杖下而不足惜。这是有着深刻的社会根源的。廷杖既然在明代如此风行，那么在仪仗制度中，自然也会有所表现，于是执杖俑便有之。潘允徵为光禄寺掌醢署监事，官位较低，此俑自然不

明代瓷俑

各时期的俑作品

103

会是监刑太监或锦衣卫之类的人物,但"廷杖"是明代的时代特色,影响广泛,各级官员皆可滥施其刑,只不过是锦衣卫换成皂隶而已。"杖"虽只是一种刑具,可在这些执法人手中已成为一种权棒,操持者有的紧握手中,有的挟在腋下,此件执杖俑那种盛气凌人的得意之态,真实地揭示了这些执法者的面貌。

显轿及轿夫俑

显轿及轿夫俑为四抬座椅轿模型,位于墓前室右道的"兵部"仪仗俑中,由座椅异以二抬杠组成。座椅铺毯,带踏板,抬杠前后两头均加横木,轿夫两人一头,各以短杠穿绳带起横木抬行,动作统

轿夫俑

阴阳仪仗队俑

一,均作手扶肩扛甩手行走状。服饰也完全相同,都头戴红缨帽,身着长袖绿上衣,外套圆领黑色长坎肩,束红腰带,脚穿方口鞋,高筒袜。除轿夫外,轿之左右两侧,还各跟着一扶轿俑,一手扶轿杠,一手曲肘于胸前,随轿而行,形象和服饰基本相同,均是粉面长须,穿斜领长袖黑袍,白腰带、圆头鞋,所不同的是,左侧者戴道冠状官帽,右侧者戴乌纱帽。均全身彩绘。在明代,轿子以其形制和用途的不同,可分为轿、肩舆、女轿等,使用也有明确规定。如《明史·舆服志》载:"嘉靖十五年,礼部尚书霍韬言:'礼仪定式,京官三品以上乘轿,迩者文官皆用肩舆,或乘女

青瓷轿俑

轿。……’乃定四品下不许乘轿,亦毋得
……乃谕两京武职非奉特恩不许乘用肩
舆。隆庆二年奏定勋轿,文官四品以下用
帷轿者,禁如例。万历三年戚及武臣不许
用帷轿、肩舆并交床上马。”文中所指的
轿应是帷轿。肩舆为一种简单的座轿,因
无帷帐而得名“显轿”,也有称之为“凉
轿”。在明代官僚墓葬的仪仗俑中,帷轿
和显轿,是仪仗俑的主要组成部分,且往
往配对使用。根据出土位置和在仪仗俑
中的排列情况,两者是分开置放的,一般
是一列仪仗俑一乘轿子,而在仪仗俑群
中的位置,轿子均居后。如廖纪墓之中,
既有显轿也有帷轿,帷轿置在前室左道,
显轿置在前室右道, 均分别排在每道仪
仗俑的最后面。据各道仪仗俑的身份考
证,左道俑为“吏部”俑,右道俑为“兵部”
俑, 两道均各有四俑肩背书明其身份的
“吏部”或“兵部”之牌。这也就是说,当时
的仪仗中,可能是分文武两班排列的,而
文(即吏部)乘帷轿,武(即兵部)乘显轿。
这种排列情况, 在上海发现的明故修职
佐郎光禄寺掌醢置监事潘允徵墓中也能
看到。潘允徵墓仅有一墓穴,故仪仗俑都
置于棺椁之间,出土时,分排在棺椁之间
的两侧,一侧一轿,有帷轿和显轿两种。

反映了明代"文谓之仪,武谓之卫","谨出入之防,严尊卑之分"的仪卫思想。陶显轿和陶帷轿的发现,对明代的肩舆制度和仪仗制度的研究,具有极为珍贵的价值。

伏听俑

虔诚的跪拜,身披悠远的尘泥;清俊的脸庞,隐含机警的神态。它经历千年漫漫长夜后,重见天日;睁开一双疑惑的眼睛,来到了人间。这就是北宋永和窑彩瓷俑。它宽十多厘米,由手工捏塑而成。头戴平顶莲花冠,身着圆领宽袖袍,腰系革带,足穿软靴,双腿跪伏,平扑于地,侧首

伏听俑

各时期的俑作品

107

宋代瓷俑

向左，似在侧耳聆听。瓷俑以黑釉细线勾眉眼，袍施蓝釉，冠、领、带、靴均施绿釉，服饰淳朴素雅，衣纹洗练简洁，形态神情极具美感，展现了宋瓷人像雕塑的魅力。

这种俯身跪伏、侧首倾听的墓俑，大多制于宋代，它有多种称谓：跪拜俑、伏拜俑、匍匐俑、卧伏俑等等。北方时有出土，质为红陶；南方也有发现，多系素瓷。据载，1975年在江西南丰县出土的宋政和八年随葬同类素胎瓷俑，其底座墨书"伏听"二字，因此，故且遵从宋人的命名，谓之"伏听俑"。然而，我认为，伏听俑与跪拜俑实有区别：那种五体投地，或埋头叩拜、或向前仰首的，是名实相副的跪

千年宋俑

拜俑;那种伏拜而又侧听的,是伏听俑。

　　千年宋俑,蕴涵着久远的历史信息,发人遐思,使人迷茫:伏听俑为何俯身长跪,又为谁而跪?为何侧首倾听,他在听什么?

　　有人说,那是后人对先人的行孝。长辈归道山,后辈尽孝道,为报养育之恩,将长跪的俑像随葬,拜行大礼,寄托生者对逝者的敬意和感恩。有人说,这是"事死如事生"的写照。古人笃信灵魂不灭,身后即到另一世界,仍能享受如人间一样的生活及礼遇,包括下级对上司、卑者对尊者的顶礼膜拜:大臣拜君王,小吏拜大官,奴仆拜主人,这是社会等级观念在葬仪中的折射。

但伏听俑并非是礼拜示孝的偶人，而是守护幽宫的警卫。宋时民俗，迷信天曹、冥府、鬼神之说，认为人作古后埋于地下，会有妖魔鬼魅来滋扰侵害。《大汉原陵秘藏经》中说："大凡葬后墓内不立盟器神，亡灵不安，天曹不管，地府不收，恍惚不定，生人不吉，大殃咎也。"所以，宋人制作了许多代表天曹神仙及地府官吏的"盟器神"随葬，诸如日月星辰四方神、十二辰神、东王公、西王母、张坚固、李定度、仰观俑、伏听俑等，用以驱妖逐魔，镇墓辟邪。其中通常与伏听俑相伴而存的明器为仰观俑，它或立仰，或跪仰，

宋代三彩文官俑

双手执笏,举头仰观,感应天意,是观察"天曹"种种情况的神煞俑。而伏听俑匍匐在地、全神贯注,是专职倾听"地府"有否动静的神煞俑。它们忠心耿耿,陪伴并守卫墓主的亡魂千秋安宁、永无殃咎。

有趣的是,宋代早先随葬伏听俑很讲究等级礼制,官职四品以上者才可享用。因此,一些形体较大、塑造生动、敷彩精美的伏听俑都出土于大墓。后来,文人、商贾、乡绅等也竞相效用,面对这种葬品的僭越现象,各地有司也睁一眼闭一眼了。

伏听俑这类神煞俑,在唐代已初现端倪,在宋代得到发展并盛行,这与宋时

唐三彩仕女俑

流行的堪舆术有关。它像一面古镜,定格了那时市民文化的影像。而今,解读伏听俑这一有着宋代葬俗符号性的艺术品,也就随带破译了那个时代与之相关的一组"密码":譬如等级制度、传统习俗、瓷塑工艺、服饰潮流、化妆时尚、审美情趣等,窥一斑而见全豹,为了解宋人生活另开了一扇视窗。

唐三彩俑

唐三彩是一种盛行于唐代的陶器,以黄、白、绿为基本釉色,后来人们习惯地把这类陶器称为"唐三彩"。唐代是中国封建社会的鼎盛时期,经济上繁荣兴盛,文化艺术上群芳争艳,唐三彩就是这一时期产生的一种彩陶工艺品,它以造型生动逼真、色泽艳丽和富有生活气息而著称。唐三彩的诞生已有一千三百多年的历史了，它吸取了中国国画、雕塑等工艺美术的特点，采用堆贴、刻画等形式的装饰图案，线条粗犷有力。

唐三彩是一种低温釉陶器，在色釉中加入不同的金属氧化物，经过焙烧，便形成浅黄、赭黄、浅绿、深绿、天蓝、褐红、茄紫等多种色彩，但多以黄、褐、绿三色为主。它主要是陶坯上涂上的彩釉，在烘制过程中发生化学变化，色釉浓淡变化、互相浸润、斑驳淋漓、色彩自然协调，花纹流畅，是一种具有中国独特风格的传统工艺品。唐三彩在色彩的相互辉映中，显出堂皇富丽的艺术魅力。唐三彩用于随葬，作为明器，因为它的胎质松脆，防水性能差，实用性远不如当时已经出现的青瓷和白瓷。

唐三彩分布在长安和洛阳两地，在长安的称西窑，在洛阳的则称东窑。唐代盛行厚葬，不仅是大官贵族，百姓也如此，已形成一股风气。

唐三彩种类很多，有人物、动物、碗盘、水器、酒器、文具、家具、房屋，甚至装骨灰的壶坛等等。大致上较为人喜爱的是马俑，有的扬足飞奔，有的徘徊伫立，

唐代仕女俑

各时期的俑作品

113

唐代仕女体态丰腴

有的引颈嘶鸣，均表现出栩栩如生的各种姿态。至于人物造型有妇女、文官、武将、胡俑、天王，根据人物的社会地位和等级，刻画出不同的性格和特征；贵妇面部丰圆，梳成各式发髻，穿着色彩鲜艳的服装，文官彬彬有礼，武士刚烈勇猛，胡俑高鼻深目、天王怒目威武、雄壮气概，足为我国古代雕塑的典范精品！

唐三彩卧驼骑俑

1957年陕西西安唐开元十一年鲜于庭诲墓出土。通高42.5厘米，头至尾长47厘米。三彩釉陶，模制而成，中国历史博物馆藏。唐墓中出土大量三彩马、三彩骆驼，大多为伫立状，而此俑则别具一格，匠人精心设计成一尊卧驼形象。驼首上昂，两目圆睁，鼻孔朝天，大口紧闭，驼颈上挺。驼身肥壮，腹部着地。四腿弯屈着地，前腿跪伏，后腿各翘，似欲起身站立，形态活灵活现，比例匀称，造型十分优美。驼身上施赭黄色釉，颈上下、前腿上端、峰上长毛，尾部涂白色。驼背双峰，峰顶捏塑成半圆形毛状，前峰顶向左倾，右峰顶向右倾。驼背上垫一椭圆形的毡垫，两峰从毡上的两个圆孔中露出，更衬托出驼峰美感。毡垫周边施蓝釉，垫面施白、黄、绿三色釉，并以凹陷的细线形成

唐三彩卧骆驼俑

菱格纹,斑斓鲜丽,铺垫在赭黄色釉的驼背上,把骆驼装扮得格外华丽大方。匠人又巧妙地在驼背两峰之间塑造了一男胡俑,他方脸大耳,浓眉深目,高鼻大嘴。右手握拳上举,左手握拳前屈,上身微向前倾,双腿分开骑于驼背之上,好似手牵缰绳作驱赶状。头戴尖顶卷曲白色圆帽,身穿白色圆领窄袖长衣,衣饰有不规则的浅绿色的短条纹,足穿黄色靴。驼和骑俑有机地组合为一体,工匠师以其丰富的想象力,采用了对比的手法,塑造了一头体格硕大的骆驼和一个骑驼人。在施釉装饰方面,骆驼釉色艳丽,骑俑色彩淡雅,既突出了各自的个性,又完美地将二者结合起来,互为陪衬,彼此依托。骑俑牵缰指令，骆驼欲站未起，艺术家不仅把驼和人的形象塑造得情致生动，而且把人和驼的内心世界也刻画得极为深入细腻，准确地把握了他们的特征。骆驼高大稳健和背负重载的特点，俑全神贯注，充满自信的心态，显得骆驼雄伟，骑俑精明能干，神情意态逼真自然，统一和谐，取得了形似神也似的理想艺术效果。釉质光洁晶莹，色彩沉稳明丽，表现手法娴熟，堪称唐三彩中之精品。

唐三彩天王俑

1955年陕西西安十里铺唐墓出土。高52厘米，重4公斤。三彩釉陶，模制而成。中国历史博物馆藏。此俑高大魁梧，头向右转，左臂上屈，手紧握拳，右臂下弯，手叉腰间。左腿向左弓起，右腿直立，双脚猛踏厉鬼，站立于一山状台上。头戴圆顶翘耳状头盔，四方大脸，紧锁双眉，两目圆瞪，紧咬牙关，怒视前方，表现出力大无比、威武勇猛的样子。全身披甲，上身胸前有二圆护，无甲片，应为布甲、绢甲或布背甲。肩甲为龙首形，龙头张口衔两臂。下身有下垂的鹘尾，左右垂有甲裳。俑脚下踏一面目不清之鬼，代表邪恶。雕塑此类天王俑放入墓中，是要为墓主驱逐邪恶，战胜恶鬼。这件俑除头部

唐三彩天王俑

各时期的俑作品

117

外，其余均施以蓝、褐、黄多种釉色，绚丽多彩。天王俑属于佛教雕塑之一，在佛教艺术中，表示勇武、凶猛、强悍形象的是天王和力士。天王有甲胄，力士没有甲胄。隋唐时期，天王俑开始流行着甲胄、戴天冠的武士形象，此类天王俑也叫武士俑，他们手中不持法物，在唐墓中一般随葬多件。通过天王俑可以看到唐代军戎的服饰。武士的军装，外有裆铠，还有战袍和铠甲。铠甲有遮护全身的和保护胸背的战袄，战袍比较长，战袄比较短。战袍和战袄都比铠甲要轻便。据记载唐铠甲制有13种，包括明光甲、光要甲、细鳞甲、山文甲、乌锤甲、白布甲、皂绢甲、布背甲、步兵甲、皮甲、木甲、锁子甲、马甲。其中明光甲、光要甲、细鳞甲、山文甲、乌锤甲、锁子甲为铁甲。皮甲是以犀兕之皮制作，除了金属的、皮革的以外，还有绢布的、纸的。制作时一般铠甲的甲片有长条形和鱼鳞形两种，甲片比较小，便于活动。由于甲片比较硬，为了防止磨损肌肤，所以在铠甲内常衬有厚实的袍衫。铠甲制作精致，有的涂上金银，有的施加彩色髹漆，使其颜色更加鲜艳，可见唐代人们对铠甲的重视，唐代将领的铠甲，以穿明光铠最多。从出土陶俑中，可

镇墓武士俑

唐三彩骑俑

见唐代铠甲形制,头戴盔,也称兜鍪或头
鍪,前胸有两个圆护,腹部又有一较大的
圆护,下身有下垂的鹘尾,左右各垂有甲
裳,胫间有吊腿,肩部有护肩,两臂有披
膊,比较实用。唐代军装的演变和发展,
为五代、两宋军服的发展奠定了基础。

　　随着时代的进步,伴随随葬制度的
消失,作为随葬用的雕塑逐渐成为百姓
欣赏的艺术品,它不再是入土为安的附
属品而逐渐演变成为家庭和展览馆等机
构所欣赏和收藏的艺术品。在功用上早
就变成装饰品和艺术品了。当今很多艺
术家都在中国古代俑的造型语言上吸收

各时期的俑作品
119

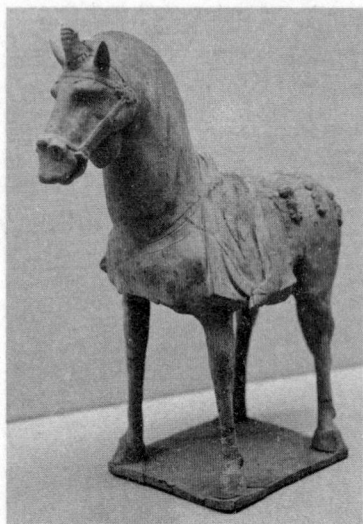
生动逼真的北齐驮马俑

营养，并继承和发展了中国雕塑事业。古俑对后世的影响非常巨大，如清末北方的雕塑代表便是"泥人张"彩塑。泥人张，原名张明山，他只须和人对面坐谈，抟土于手，不动声色，瞬息而成。泥塑着色栩栩如生，他的雕塑就是受着色古俑雕塑的影响。泥塑着色是中国早就存在的一种样式。例如，当代清华大学美术学院李象群教授的雕塑开拓了材质上的界限，不用陶土改成铸铜，但是他在铸铜雕塑上着色也在某种风格上吸取了古代陶俑的风格。

时代的进步与动漫业的兴起给我们生活带来了丰富多彩的体验。雕塑作为社会不可或缺的一门艺术对各各行业都具有影响，俑的造型语言和手法给我们学习雕塑和动漫造型带来了方便快捷的示范作用。流传下来的中国古代俑是我们民族伟大的艺术遗产，它给我们民族带来了文化上的自信和历史传统上的精神力量。不但在中国，而且在全世界范围内，中国俑都是一项独特的文化遗存。中国古代俑是中国雕塑艺术的集中体现，它对后世的影响巨大，具有较多的艺术价值和文化价值。所以我们要尊重祖先给我们留下的财富，继承并且不断地发扬光大。